HEYNE BÜCHER

In der Serie
HEYNE-ANTIQUITÄTENBÜCHER
sind außerdem erschienen:

Möbelstilkunde · 4324
Porzellan · 4340
Zinn · 4358
Gläser · 4370
Bauernmöbel · 4391
Englische Möbel · 4400
Jugendstil · 4409
Silber · 4414
Teppiche · 4428
Faustfeuerwaffen · 4436
Spielzeug · 4440
Art Déco · 4445
Uhren · 4448
Afrikanische Kunst · 4454
Gewehre · 4463
Antiquitäten als Kapitalanlage · 4467
Deutsche Möbel des Barock und Rokoko · 4469
Netsuke · 4474
Gründerzeit · 4479
Münzen des Mittelalters und der Neuzeit · 4485
Böhmische Gläser · 4492
Schmuck · 4501
Alter Hausrat · 4507
Antike Kleinkunst · 4516
Gobelins · 4523
Biedermeier · 4530
Antiquitäten als Hobby · 4538
Deutsche Fayencen · 4545
Asiatica · 4565
Münzen des Altertums · 4569
Meissner Porzellan · 4577
Lampen 1890–1930 · 4581

Antiquitäten

LYDIA L. DEWIEL

FRANZÖSISCHE MÖBEL

Von der Renaissance bis zum Jugendstil

Mit über 175 Abbildungen

Originalausgabe

WILHELM HEYNE VERLAG
MÜNCHEN

HEYNE-BUCH 4586
im Wilhelm Heyne Verlag, München

Umschlagvorderseite: Kleiner Toilettentisch von
Jean-François Oeben, Frankreich, um 1760
Umschlagrückseite: »Bureau du Roi« – Rollbureau
Jean-François Oeben, Frankreich, 1769

Printed in Germany 1978
Zeichnungen: Atelier Majorahn, München
Umschlagfotos: Phoebus Publishing, Ltd., London
Fotos: Museum für Kunsthandwerk, Frankfurt
Residenzmuseum, München
Umschlaggestaltung: Atelier Heinrichs, München
Gesamtherstellung: Ebner, Ulm

ISBN 3-453-41262-1

Inhalt

Frührenaissance und Hochrenaissance – Stil François I und Henri II (1483–1589) 7
Die Möbelarten und ihre Entwicklung 9
Frühbarock – Stil Louis XIII (1589–1661) 21
Die Möbelarten 23
Hochbarock – Stil Louis XIV (1661–1715) 29
André-Charles Boulle 31
Die Möbelarten 35
Vor-Rokoko und Rokoko – Stil Régence und Louis XV (1715–1774) 44
Die Möbelarten 45
Charles Cressent 50
Antoine Robert Gaudreaux 56
Gilles Joubert und Pierre Migeon II 57
Jacques Dubois 59
Bernard van Riesenburgh 60
Matthieu Criaerd 62
Der Stil der Übergangszeit – Stil Transition (1760–1744) 68
Jean-François Oeben 69
Stil Louis XVI (1774–1792) 75
Die Möbelarten 78
Jean-Henri Riesener 83
Adam Weisweiler 87
Johann Wilhelm Benemann und Joseph Stöckel . . . 88
Martin Carlin 89
David Roentgen 90
Jean-François Leleu 91
René Dubois 92
Étienne Levasseur 93
Georges Jacob 93
Jean-Baptiste-Claude Sené 95
Directoire, Consulat und Empire (1795–1815) 98
François Honoré Georges Jacob-Desmalter 104

Charles Percier und Pierre Fontaine 104
Die Möbelarten und ihre Entwicklung 107
Von der Restauration bis zum Zweiten Kaiserreich (1815–1852) 120
Das Zweite Empire – Stil Napoleon III (1852–1870) . . 125
Art Nouveau 127
Emile Gallé 127
Louis Majorelle 129
Eugène Gaillard 131
Hector Guimard 132
Georges de Feure 133
Die Möbel der Provinz 135
Das Elsaß 135
Lothringen 139
Die Champagne 145
Flandres, Artois und Picardie 148
Ile-de-France 150
Normandie 150
Die Bretagne 156
Die Vendée 159
Loire-Tal, Berry und Nivernais 161
Die Franche-Comté 162
Burgund und Bresse 164
Die Auvergne 168
Lyonnais, Savoie und Dauphiné 169
Die Provence 171
Guyenne und Languedoc 177
Kleines Lexikon der Fachausdrücke 181
Museen und Sammlungen 191
Literatur 193
Preise französischer Möbel 196
Namens- und Sachregister 202

Die hier genannten Jahreszahlen sind lediglich als Anhaltspunkte zu verstehen.

Frührenaissance und Hochrenaissance Stil François I und Henri II (1483–1589)

Die »italienischen Kriege«, die Frankreich ab 1494 gegen den südöstlichen Nachbarn führte, brachten die französischen Fürsten, voran Karl VIII., zum erstenmal in unmittelbare Berührung mit der Kunst der italienischen Renaissance. Wieder nach Frankreich zurückgekehrt, war es Karls ehrgeiziges Ziel, es der Pracht der italienischen Höfe gleichzutun, und er berief 1495 22 italienische Maler, Kunsthandwerker und Gärtner zum Bau und zur Ausstattung des 1490 von Michel Colombe begonnenen Schlosses Anet. Dies war der erste einleitende Schritt zu einer Entwicklung, die unter dem kunstsinnigen Franz I. (1515–47) ihren großartigen Höhepunkt fand. Frankreich wurde von einem wahren Baufieber ergriffen – *une maladie de bâtir* – wie ein Heerführer des Königs feststellte. Zwischen 1515 und 1570 entstanden 24 große Schlösser des Königs und Hochadels, die zum Teil von italienischen Baumeistern, Künstlern und Kunsthandwerkern errichtet und ausgestattet wurden. Der geographische Schwerpunkt dieser enormen Bautätigkeit war das Loire-Tal. Franz I. verstand es, den Italienern das Leben in Frankreich angenehm zu machen, er überhäufte sie mit Geld und erklärte dem großen Benvenuto Cellini: »Ich will Euch mit Gold vollstopfen.« So war die Kunst der italienischen Renaissance und des Manierismus mit so hervorragenden italienischen Künstlern und Baumeistern vertreten wie Leonardo da Vinci, Andrea del Sarto, Benvenuto Cellini, Francesco Primaticcio, Rosso Fiorentino und Sebastiano Serlio. Ihre Kunst, die sich am großartigsten in dem größten der für Franz I. erbauten Schlösser, Fontainebleau, bei Paris, manifestierte, war auch von entscheidender Bedeutung für die Geschichte des französischen Möbels. Der Dekor der Stuckarbeiten für Fontainebleau, nach 1530 von Primaticcio und Rosso geschaffen, stellte Motive zur Verfügung, die später das französische Mobiliar bevölkerten: Putten, Nymphen, Chimären, Masken und Girlanden.

Das Bild, welches das französische Möbel der Früh- und Hochrenaissance bietet, ist sehr uneinheitlich. Nur langsam konnten sich die neuen Renaissanceideale durchsetzen, und ihre Rezeption vollzog sich landschaftlich unterschiedlich. Zuerst erfolgte lediglich die Übernahme des italienisierenden Ornaments, das den bestehenden gotischen Formen aufgesetzt wurde. So wurden italienische Motive wie Arabesken und Blattspiralen mit den herkömmlichen gotischen Fialen und Spitzbogen, mit Maßwerk- und Faltwerkdekoration verbunden.

Dieser einleitende Prozeß war um 1515, als Franz I. den Thron bestieg, fast abgeschlossen. Gotische Proportionen wurden jedoch immer noch beibehalten und insgesamt läßt sich sagen, daß die Schwere und Plastizität des italienischen Hochrenaissancemöbels in Frankreich nie Eingang fand und daß immer mehr die Nähe zu dem Geschmack der Frührenaissance zu spüren ist, denn das französische Möbel der Renaissance blieb immer – vor allem im Norden – elegant, zierlich und flächig.

Der Regierungsantritt Henris II. (1547) hatte eine künstlerische Reaktion zur Folge, die das italienische Element zugunsten des französischen zurückdrängte. Französische Hofkünstler – zum Teil aus der »Schule von Fontainebleau« hervorgegangen – verdrängten die italienischen Pioniere: Pierre Lescot, der Erbauer des Louvre, Jean Goujon, Jean Bullant, Philippe Delorme und Jacques Androuet Ducerceau.

Unter ihnen war *Ducerceau* (1510–84) von besonderer Bedeutung für die Geschichte des französischen Möbels. Seine Entwürfe für Kabinette, Dressoirs, Tische, Türen, Betten, Kaminbekrönungen u. a. gaben den Möbeltischlern wertvolle Hinweise für die Anwendung der neuen Stilprinzipien.

Die französische Hofkunst, die durch Stiche im ganzen Land bekannt wurde, fand überall Aufnahme, jedoch mit landschaftlich unterschiedlicher Akzentuierung. So tritt vor allem ein deutlicher Unterschied zwischen der Möbelkunst des Nordens und Südens zutage. Im Norden – mit dem Zentrum Ile-de-France – beweist sich eine größere Eleganz, Feinheit der Gliederung und Zurückhaltung im Dekor, während im Süden, der sich an den Möbeln Liguriens orientierte, eine größere Schwere und ein Überreichtum des dekorativen Schmucks auffällt. Diese Tendenz des Südens wird unter anderem auf die Tätigkeit des Hugues Sambin (um 1520–1602) zurückgeführt, einem Architekten, Bildhauer und Kunsttischler, der in Dijon und Besançon arbeitete. Sein Stichwerk *»Oeuvre de la diversité des termes dont on use en architecture«* (1572), war eine wichtige Quelle für das zeitgenössische Handwerk.

Die Möbelarten und ihre Entwicklung

Die *Truhe (huche)* war das wichtigste Möbel der Gotik, denn in ihr wurde neben der Aussteuer und Kleidung auch Putz und Schmuck aufbewahrt. In Paris und der Ile-de-France wurde sie im Lauf des 16. Jahrhunderts weitgehend vom Schrank verdrängt, während sie in der Provinz noch bis ins 17. Jahrhun-

1 *Truhe, erste Hälfte 16. Jh.*

2 *Truhe, zweite Hälfte 16. Jh.*

dert hinein verwendet wurde. Wie alle anderen Möbel veränderte auch sie ihre Form. Die vielteilige, in mehrere Felder gegliederte Front der Gotik wurde schon in der Zeit Franz I. durch ein einheitliches geschnitztes Feld ersetzt. Die Ecken wurden oft mit nahezu freiplastischen Motiven wie Hermen, Karyatiden, manchmal auch mit Säulchen betont (Abb. 1, 2).
Neben dieser Wäsche- und Kleidertruhe existierte noch eine Vorratstruhe mit gewölbtem Deckel *(coffre de bahut)* sowie eine mit Leder bezogene, eisenbeschlagene Truhe mit gewölbtem Deckel für den Reisegebrauch.
Das Lieblingsmöbel der Zeit war der *dressoir*, ein Kredenzschrank, der auch *buffet* genannt wurde und aus Flandern kam. Er war zum Anrichten (dresser) und Aufbewahren des Geschirrs und Bestecks bestimmt und wurde im ersten Viertel des 16. Jahrhunderts eingeführt. Auf offenem – seltener mit zwei Türen verschlossenen – Untergestell sitzt der kastenförmige Aufsatz mit zwei geschnitzten Türen. Dazwischen sind manchmal auch zwei Schubladen angebracht (Abb. 3, 4, 5). Seit der Zeit des Henri II wurde der architektonische Charakter des Aufbaus betont, die Stützen waren Säulen, Pilaster oder geschnitzte Figuren. Die Schnitzerei der Türen zeigte allegorische oder mythologische Figuren und Szenen.

Der *Schrank (armoire)* war eine Schöpfung der zweiten Hälfte des 16. Jahrhunderts. Er war ein zweigeschossiges Möbel, meist mit verjüngtem Obergeschoß *(meuble à deux corps)*. Der Schrank der Ile-de-France war sehr elegant und zierlich (Abb. 6), der des Südens breit, schwer und mit überreichem plastischem Dekor versehen (Abb. 7).

Das *Kabinett,* das sich in seiner monumentalen Form erst im 17. Jahrhundert entwickelte, war nicht viel mehr als ein Prunk-

3 *Dressoir, Ende 16. Jh.*

4 *Dressoir, Mitte 16. Jh.*

kasten mit vielen Schubladen auf einem offenen Untergestell. Dieses Möbel, das oft auch aus Deutschland importiert wurde, war für die Aufbewahrung von Schmuck, Edelsteinen und anderen kleinen Kostbarkeiten bestimmt.

Der *Tisch* trat – in seiner stabilen Form – in Frankreich erst mit der Renaissance auf, denn im Mittelalter bestand er meist nur aus einer Holzplatte auf zwei Böcken. Die Schule von Fontainebleau bewirkte eine Übernahme der italienischen Wangenform, wobei das Schnitzwerk noch plastischer war als in Italien (Abb. 8, 9). Neben diesen schweren Wangentischen gab es auch noch leichtere Tische mit Pfostenkonstruktion (Abb. 10) oder Nipptische (11), die auf unser Auge erstaunlich modern wirken.

Die *Sitzmöbel* hatten schon sehr früh ein typisch französisches Gepräge und weichen unter allen Möbeln am ehesten von den italienischen Vorbildern ab. Einer der reizvollsten Typen ist der *caquetoire* (caqueter = plaudern), ein typisches Damenmöbel mit trapezförmiger Sitzfläche und weit ausschwingenden

5 *Dressoir, Ende 16. Jh.*

6 *Schrank, zweite Hälfte 16. Jh.*

7 *Schrank, um 1580*

8 *Wangentisch, zweite Hälfte 16. Jh.*

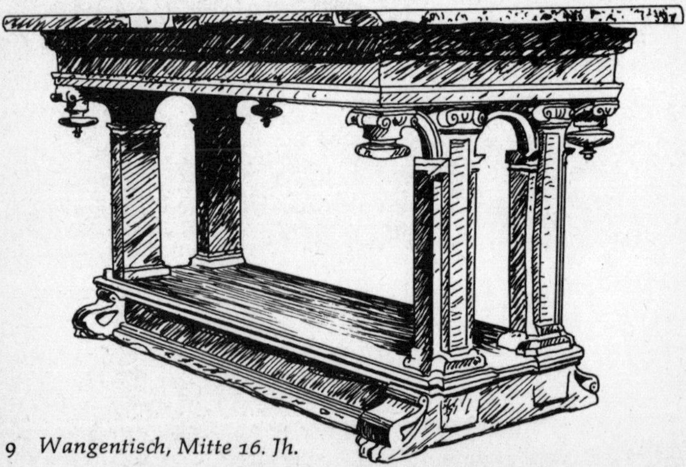

9 *Wangentisch, Mitte 16. Jh.*

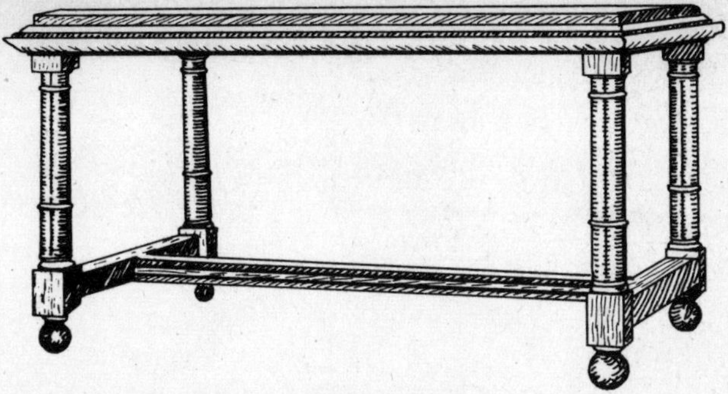

10 *Tisch, 16. Jh.*

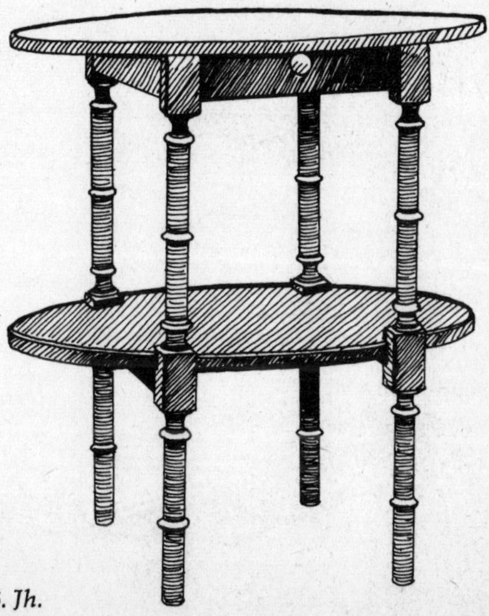

11 *Tisch, 16. Jh.*

12 *Caquetoire, Mitte 16. Jh.*

Armlehnen, die den weiten, ausgepolsterten Röcken der Damen Platz boten (Abb. 12, 13). Daneben gab es leichte, bewegliche Stühle mit niederen Lehnen – Vorgänger der Sessel – (Abb. 14) und Hocker *(placet)* mit Tapisseriebezug. Von dem Mobiliar der Gotik wurde der monumentale Thronsitz mit hoher Rückenlehne, Armlehnen und Kastensitz übernommen, die würdevolle *chaire*.

13 *Caquetoire, um 1560*

Ebenfalls aus dem gotischen Formenrepertoire stammt das *Vierpfostenbett* mit Baldachin, das mit reichen Draperien versehen war. Die Pfosten waren baluster- oder säulenförmig und waren mit reichem ornamentalem Schnitzwerk versehen, das nun natürlich Renaissancecharakter hat.
Die Renaissance brachte nicht nur eine Änderung der Form und des Dekors, sondern auch des Materials mit sich. Das im

14 *Armstuhl und Stuhl, Mitte 16. Jh.*

Mittelalter bevorzugte Eichenholz wurde nun weitgehend – auch dies nach italienischem Vorbild – von Nußholz verdrängt. Seine Glätte und schöne Patina, die oft ähnlich wie Bronze wirkte, kam dem neuen Geschmack entgegen, und was die Schnitzbarkeit anbelangte, war es dem Eichenholz weit überlegen, da es die Herausarbeitung auch feinster Details ermöglichte.

Frühbarock
Stil Louis XIII (1589–1661)

Die Zeit zwischen dem Tod des Königs Heinrich III. (1589) und dem Regierungsantritt Ludwigs XIV. (1661), die man in der Kunstgeschichte als »Stil Louis XIII« bezeichnet, war eine Zeit des Übergangs. Nach einer Periode schwerer politischer Krisen – Frankreich führte zwischen 1562 und 1598 acht Religionskriege – begann erst unter Heinrich IV. (1589–1610) wieder eine Periode der Ordnung, herbeigeführt durch die Einführung eines gemäßigten Absolutismus. Zu den Zielen des neuen Königs gehörte auch eine Neubelebung des Handwerks. Eine seiner bedeutsamsten Maßnahmen war die Einrichtung der königlichen Werkstätten im Louvre. Die dort tätigen Kunsthandwerker, die von allen Zunftzwängen befreit waren und als freie Künstler angesehen wurden, waren allerdings größtenteils keine Franzosen, sondern Italiener und Flamen, die keine nationale Kunst schaffen konnten. Durch diese Maßnahme war der Grund für eine Entwicklung gelegt, die sich dann später als außerordentlich fruchtbar erweisen sollte: durch die Einstellung von Künstlern in den Dienst des Staates erfolgte eine Konzentration der Kunst am Pariser Hof, die provinzielle Sonderentwicklungen weitgehend ausschaltete.

Die Kunst des Louis XIII ist charakterisiert durch ihre Internationalität, denn man orientierte sich in dieser Zeit weitgehend nach der neuen barocken Kunst der Nachbarn. Dies war unter anderem auch eine Folge der persönlichen Interessen der Maria de' Medici, der Mutter Ludwigs XIII., die für ihren minderjährigen Sohn als Regentin amtete und eine Vorliebe für die flämische Kunst hatte. So wurde während der Zeit ihrer Regentschaft Peter Paul Rubens damit beauftragt, 21 Bilder für das Luxembourg-Palais in Paris zu malen (1621–25). Als dann Ludwig XIII. die Regierung übernahm, sorgte seine Gemahlin Anna von Österreich, die unter dem Einfluß des italienischen Kardinals Mazarin stand, für eine Bevorzugung italienischer Künstler. So wirkten während des Louis XIII die Italiener Caffieri, Cucci, Migliorani, Giacetti, Romanelli, Grimaldi und Bolzoni in Paris.

Wie sah das französische Möbel des Louis XIII aus? Während das bürgerliche Möbel weiter konservativ blieb und die Provinz weiter das geschnitzte Renaissancemöbel bevorzugte, richteten sich die oberen Gesellschaftsklassen nach dem höfischen Vorbild. Üppigkeit, Luxus und farbiger Prunk, wie sie später für das Zeitalter des Sonnenkönigs und seinen Versailler Hof charakteristisch waren, kennzeichneten auch schon die Zeit seines Vorgängers Ludwigs XIII.

Der Hang zur luxuriösen Kostbarkeit drückte sich schon in der Wahl der neuen Hölzer aus. Das Nußholz wurde beim vornehmen Möbel durch schwarzes, poliertes Ebenholz ersetzt, das allerdings wegen seiner Kostspieligkeit meist als Furnier verarbeitet wurde. Manchmal trat an seine Stelle auch schwarz gebeiztes Birnholz. Die Technik des Furnierens mit Ebenholz wurde von Jean Macé eingeführt, der von Maria de' Medici aus den Niederlanden nach Frankreich geholt worden war. Der Ebenist – in Frankreich »menuisier-ébéniste« – wurde von dieser Zeit an einer der geachtetsten Handwerker. Zur Belebung des schwarzen Holztons wurde nun auch farbige Marketerie angebracht – eine Technik, die von Italien übernommen wurde, wo besonders die prunkvollen Kabinette der Spätrenaissance mit Marketerie geschmückt waren. Beliebt war als Kontrastfarbe zu Schwarz vor allem Elfenbein und Perlmutter, dazu auch Metalleinlagen aus Messing oder Silber, außerdem Alabaster und Marmormosaik. Marketerien aus Palisander oder Zeder waren ebenfalls nicht selten. Hier setzte beim französischen Möbel eine Entwicklung ein, die später bei Charles André Boulle ihren Höhepunkt finden sollte.

Ein reiches Aufgebot an Tapisserien, Draperien, vergoldeten Ledertapeten steigerte die farbigen Effekte dieser eingelegten Möbel. In den vornehmen Häusern wurden die Tapisserien wie Tapeten behandelt, über die man Bilder hängte. Die Betten schienen mit ihren Volants, Vorhängen und Draperien nur aus

Stoff gebildet zu sein, denn das eigentliche Bettgestell verschwand vollkommen unter ihnen. Jetzt war die Stunde des Polsterhandwerks gekommen, denn neben Betten wurden auch Bänke, Stühle und Taburetts mit Stoffen oder farbigem Leder überzogen. Neben den Ebenisten waren es nun die Drechsler, die das Erscheinungsbild des Möbels bestimmten. Pfosten von Schränken und Kabinetten, Beine und Stege von Tischen und Stühlen waren meist gedrechselt – ein Erbteil der niederländischen Möbelkunst.

Die Möbelarten

Das zweigeschossige *Büfett* mit Giebel und vier Türen war immer noch ein Hauptmöbel, doch gab es auch schon eingeschossige Büfetts, die im Grunde nichts anderes als Schränke waren. Um dem Geschmack der Zeit zu entsprechen, stellte man nun den Sockel auf abgeflachte Kugelfüße oder Löwenpranken. Die reiche ornamentale Schnitzerei der Felder ist auch während des Louis XIII noch Mode – vor allem in Südfrankreich –, doch setzte sich immer mehr ein einfacheres geometrisches Schnitzwerk durch, wie bei dem schönen Schrank der Abb. 15 aus dem Museum Moissac. Das eigentliche Prunkmöbel der Zeit war der *Kabinettschrank*. Er wurde zwar meist aus Deutschland, Italien, Spanien oder den Niederlanden importiert, doch gab es auch französische Kunsttischler, die sich mit seiner Herstellung befaßten. Es sind schwere, kubische Ebenholzkästen auf tischförmigem Unterbau mit acht Füßen, Fußbrett und Kugelfüßen (Abb. 16). Diese Prunkkästen, von denen Kardinal Mazarin über zwanzig besaß, waren reich mit ornamentalem Schnitzwerk und Marketerie geschmückt, wobei die französischen Exemplare jedoch einfacher waren als die importierten. Im Innern waren die Kabinettschränke mit zahlreichen Kästchen und Kassetten ausgestattet.

15 *Schrank, erste Hälfte 17. Jh.*

Aus dem Kabinettschrank entwickelte sich in der zweiten Hälfte des 17. Jhs. ein neuer Möbeltyp, ein Schreibtisch mit zurückgesetztem und aus vielen kleinen Schubladen gebildeten Oberbau, das sog. *Bureau* (Abb. 17). Außerdem wurden auch einfachere Schreibtische benützt, die nicht viel mehr als Tische

16 *Kabinettschrank, erste Hälfte 17. Jh.*

mit Schubladen waren. Die *Tische* des Louis XIII waren klein und beweglich, die Beine meist gedrechselt, durch kreuz- oder h-förmige Stege miteinander verbunden, die Platte mit Flachrelief am Rand ornamental verziert (Abb. 18). Am Hof verwendete man, nach italienischem Vorbild, auch Tischplatten aus Marmor.

17 *Bureau, um 1680*

18 *Tisch, erste Hälfte 17. Jh.*

19 *Armlehnstuhl, erste Hälfte 17. Jh.*

20 *Armlehnstuhl, erste Hälfte 17. Jh.*

21 *Armlehnstuhl, erste Hälfte 17. Jh.*

22 *Armlehnstuhl, erste Hälfte 17. Jh.*

Auch die *Sitzmöbel* hatten meist gedrechselte Beine und Armlehnen. Die wichtigste Neuerung war, daß an die Stelle der losen Kissen der Renaissance feste Polster traten, auf die Stoffe oder Leder mit großen, sichtbaren Nägeln befestigt waren. Der einfachste Bezug war der aus dickem Leder. Saffianleder – ein beliebtes Bezugsmaterial – wurde aus Kleinasien und Syrien importiert und vor allem in Rouen verarbeitet. Bezüge aus Velours, Atlas, Brokat, Taft wurden unter anderem aus Tours und Neapel bezogen. Beliebt waren Stickereibezüge mit Blumen- und Früchtemotiven in gros und petit point.
Erstmals taucht nun auch der *Fauteuil* (Sessel) auf, der Armstuhl mit gerader Rückenlehne. Mit Rücksicht auf die gewaltigen Halskrausen waren die Rückenlehnen zuerst noch niedrig und erst gegen Ende des Louis XIII hoch (Sitzmöbel zeigen die Abb. 19–22).

Hochbarock
Stil Louis XIV (1661–1715)

Der Tod des Ministers Kardinal Mazarin (1661) und die Regierungsübernahme durch König Ludwig XIV. ist nicht nur politisch, sondern auch kulturhistorisch ein wichtiges Datum. Obwohl erst 23 Jahre alt, entschloß sich Ludwig, der zutiefst vom Gottesgnadentum des Monarchen überzeugt war, auf einen ersten Minister zu verzichten und selbst zu regieren: »Le Roi règne et gouverne«. Sein erstes Ziel war es, die durch Krieg und Adelsaufstände angeschlagene Macht der Krone wiederherzustellen und dem Hof – als äußeres Zeichen dieser Macht – seinen alten Glanz wiederzugeben. So entstand, nachdem der Hof nach Versailles verlegt worden war, in diesem Pariser Vorort das gewaltige Königsschloß, das nun Vorbild für den Schloßbau in ganz Europa wurde, ebenso wie die am Hof gepflegte Etikette.

Anstoß für den Bau von Versailles war das Schloß Vaux-le-Vicomte, das 1657–60 für Minister Fouqué von Levau gebaut worden war, unter Mitwirkung hervorragender Künstler wie Le Brun, Puget, Mignard und Le Nôtre. Ihrer Fähigkeiten bediente sich nun der König (ab 1661) für sein eigenes Schloß. Er machte den Maler Le Brun, einen ehemaligen Günstling von Richelieu, der es verstand, sich auch der Gunst von Ludwigs mächtigstem Minister Colbert zu versichern, zum Hauptausstatter der königlichen Schlösser.

Im Zuge der wirtschaftlichen Reorganisation durch Colbert und der Errichtung königlicher Fabriken, wurde 1667 auch die »Manufacture Royale des Meubles de la Couronne« gegründet, der die Aufgabe oblag, die königlichen Schlösser auszustatten. Teil dieser Manufaktur war auch die »Manufacture des Gobelins«, die aus einer Werkstatt niederländischer Wirker hervorging, untergebracht in einem 1662 vom Staat gekauften Haus, das der Färberfamilie Gobelin gehörte. Unter der Aufsicht Le Bruns, der die Entwürfe für die Manufaktur zu liefern hatte, entstand nun mit Hilfe von Möbelschreinern, Bildwirkern, Malern, Goldschmieden, Steinbildhauern und Gießern eine neue nationale Dekorationskunst, die in ihrem Luxus und Prunk bisher in Frankreich ohne Vorbild war.

Das fürstliche Prunkmöbel wurde speziell für den Gebrauch des Hofes erfunden und wurde – zusammen mit den Vertäfelungen, Gemälden und Draperien – ein unveränderlicher Bestandteil der Raumausstattung. Jedes Möbel hatte seinen bestimmten Platz, von dem es nicht mehr entfernt werden konnte, ohne daß das Gleichgewicht des Raumes gestört wurde. Das prunkvolle Einzelmöbel ist Mittel der Repräsentation und vor allem das Sitzmöbel hat seine besondere Bedeutung innerhalb der höfischen Etikette.

Das Zeremoniell, das an jedem absolutistischen Hof pedantisch befolgt wurde, die strenge Rangordnung, spiegelt sich in dem, was man als »Rangordnung der Sitzmöbel« bezeichnen könnte. Der bequeme Armlehnstuhl *(fauteuil)* und der Sessel *(chaise)* standen nur den ranghöchsten Personen zu, während sich die niederen Ränge mit Taburett *(placet)* und Faltstuhl *(ployant)* begnügen mußten. Je höher der Rang, desto höher die Lehne – und so standen am Ende dieser Stufenleiter die bescheidenen Sitzkissen, die jedoch auch noch eingeteilt wurden in solche mit Goldtressen (für das adelige Fräulein) und einfache seidene (für das einfache Bürgermädchen). Im zeitgenössischen Schrifttum, etwa in den Memoiren von Saint-Simon oder auch den Briefen der Madame de Sevigné, wird von den nicht unbeträchtlichen Intrigen und Streitigkeiten berichtet, die oft um die Zuweisung spezieller Sitzmöbel entbrannten. So schrieb Saint-Simon: »Der Armlehnstuhl, der Stuhl und der Schemel sind für viele Jahrzehnte sogar Gegenstand der Politik und berüchtigte Anlässe für Streitigkeiten gewesen ... Soll man sich in einem bestimmten Raum auf einen Stuhl setzen oder nur auf einen Hocker? Oder darf man sich überhaupt nicht setzen? Das sind Fragen, die einen ganzen Königshof beunruhigen!«

Der Luxus kannte keine Grenzen: neben dem geschnitzten und vergoldeten Prunksessel und Prunktisch (meist Bildhauerarbeit) gab es nun auch Möbel aus massivem Silber, wie die der Versailler »Grande Galerie«, des »Salon de la Guerre« und des »Chambre du Roi«. Von ihnen ist allerdings heute kaum mehr etwas erhalten, denn während einer neuen wirtschaftlichen Krisenzeit (1688/89) mußten alle massiven Silbermöbel in die Münze gebracht werden, und auch der König gab seine Kanapees, Tische und Kandelaber her. Daß übrigens diese Silbermöbel keine rein französische Sache waren, beweist ein Blick auf die Inventare deutscher Fürstenhöfe (Berlin, Dresden, Hannover), und auch Karl II. von England besaß in Whitehall seine Silber-Appartements.

Kostbare Hölzer und Einlegearbeiten waren, wie wir gesehen haben, schon im französischen Frühbarock verwendet worden, doch erst im Zeitalter Ludwigs XIV. kam es zu der unerhörten Wirkungssteigerung des Einzelmöbels durch exotische Hölzer und raffinierte Einlegearbeiten, wie sie dann im Werk des André-Charles Boulle ihren Höhepunkt fand.

André-Charles Boulle (1642–1732)

Boulle (geb. 1642), der aus einer ehemals Schweizer Ebenistenfamilie stammte, widmete sich zuerst der Malerei und Plastik, bevor er im Hauptberuf Ebenist wurde. Als fähigster Mann seines Faches wurde er dem König empfohlen, der ihn 1672 zum Hoflieferanten ernannte. Boulle war schon zu seinen Lebzeiten berühmt – zu seinen Kunden gehörten König Philipp von Spanien, die Herzöge von Savoyen, Lothringen, die Wittelsbacher Kurfürsten – in seinen Werkstätten im Louvre beschäftigte er allein 26 Spezialisten. Seine Möbel waren so begehrt, daß sie von seinen Schülern oder Nachahmern im 18. Jh. kopiert wurden, man hat heute die größte Mühe, Originale und Kopie voneinander zu unterscheiden. Tatsächlich sind für Boulle nur zwei Möbel gesichert: die zwei Kommoden, die 1708/09 für das Trianon Ludwigs XIV. entstanden.

Eine Reihe anderer Möbel gilt jedoch als fast gesichert, und alle zusammen, sowie auch seine eigenhändigen Entwürfe erlauben es, Boulles stilistische Entwicklung zu verfolgen.
Am Anfang standen Möbel mit naturalistischer Blumenmarketerie – eine farbige Holzmarketerie auf Ebenholzgrund, wie sie im französischen Möbel nach der Jahrhundertmitte üblich war. Unter dem Einfluß französischer Ornamentstecher (zuerst Jean Lepautre und dann Jean Bérain) ging Boulle dann zu Akanthusranken und ab 1675 zu dem leichteren, eleganten

23 *Prunkschrank, A.-Ch. Boulle, Ende 17. Jh.*

24 *Kommode, A.-Ch. Boulle, um 1700*

Ranken- und Bandelwerk über – ein Ornament, das noch bis ins 18. Jahrhundert das europäische Kunstgewerbe beherrschte und typisch für den Stil des Régence wurde. Nun brachte er auch die Technik der Marketerie aus Messing und Schildpatt, die aus Italien übernommen wurde, zur Vollkommenheit. Dabei unterschied man die Möbel in *première-partie,* bei denen das Schildpatt den Untergrund bildete, und die Möbel in *contre-partie,* bei denen die Motive aus Schildpatt auf einem Untergrund aus Metall befestigt wurden. Unter den vielen, von Boulle entworfenen und von ihm oder seinen Mitarbeitern ausgeführten Möbeln sind zwei Typen besonders charakteristisch, der große zweitürige Schrank (Abb. 23) und die Kommode (Abb. 24). Unter den Kommoden ist die »commode en tombeau«, die von antiken Sarkophagen abgeleitet wurde, wegen ihrer merkwürdigen Form besonders beachtenswert (Abb. 25). Die farbige und ornamentale Wirkung der Oberfläche wurde durch Verzierungen aus vergoldeter Bronze, den *appliques,* noch gesteigert. Neben dem ästhetischen Wert hatten sie auch einen praktischen, denn die Verbindung von Schildpatt und Metall bei der Marketerie war nicht dauerhaft, die Furniere standen mit der Zeit auf, und man konnte sie an den besonders gefährdeten Stellen wie Ecken und Kanten schützen, indem man sie durch Bronzeappliken befestigte.

25 *Kommode, A.-Ch. Boulle, 1908/09*

Von der Vielfalt der Boulle-Möbel (zu denen auch Schreibtische, Kastenuhren, Münzschränke, Kabinette, Truhen etc. gehörten) verschafft man sich am besten an Ort und Stelle einen Eindruck, also in Versailles und Paris (Musée des Arts décoratifs, Musée du Louvre). Reich an Boulle-Möbeln (ihm zugeschrieben oder nachgeahmt) ist auch die Londoner Wallace Collection und das Münchner Bayerische Nationalmuseum. Die in München gezeigten »Boulle-Möbel« stammen allerdings nur zum Teil aus Frankreich, denn eine Reihe von ihnen wurde nach französischen Vorbildern in einer Münchner Hofwerkstatt gearbeitet.

Im Zusammenhang mit Boulle noch ein paar Worte über die Marketerie und ihre Technik im allgemeinen.

Die französische Renaissance, auch die Spätrenaissance, hatte nur die *Intarsia* gekannt, die sich technisch von der Marketerie unterscheidet. Bei dieser Technik (franz. *incrustation*), die schon in der Antike bekannt war, wurden in das Grundholz Ornamente und andere Motive aus farbigen Hölzern, Metall,

Stein oder Elfenbein eingelassen. In Italien wurden z. B. Chorschranken sehr oft mit Intarsienarbeiten ausgestattet. Die Marketerie hingegen (franz. »marqueterie«) ist ein zusammengesetztes Furnier, das dem Kernholz aufgeleimt wurde. Auch diese Technik war schon lange bekannt, wurde im 16. Jahrhundert in Deutschland zur Vollkommenheit gebracht und kam über die Niederlande nach Frankreich. Die Hochrenaissance steigerte die farbige Wirkung der Marketerie durch Verwendung exotischer Hölzer, später auch durch Schildpatt, das 1570 von den Portugiesen eingeführt wurde. Vor Boulle war Jean Macé aus Blois ein Meister der Marketerie, der lange als Ebenist in den Niederlanden tätig war, bevor er an die Werkstätten des Louvre berufen wurde.
Neben den Marketerie-Möbeln begannen nun auch die Lackmöbel eine Rolle zu spielen, wurden aber meist aus China importiert, vor allem die Lackkabinette. Vereinzelt wurde jedoch auch schon während des Louis XIV mit der Nachahmung dieser Möbel begonnen, und es gab Maler, die sich speziell mit der Imitation des Chinalacks befaßten. Erst das Louis XV erlebte jedoch die eigentliche Blüte des Lackmöbels.
Prunkmöbel wurden fast immer von den Ebenisten gemacht, die aufwendigen Schnitzmöbel von Bildhauern, während die *chaisiers*, die Stuhlmacher, in ihrer Bedeutung zurücktraten.

Die Möbelarten

Die strengen Vorschriften der Etikette wirkten sich, wie wir gesehen haben, besonders beim Sitzmöbel aus, das nun in größerer Vielfalt vorhanden war.
Insgesamt wurden die Stühle bequemer, die Sitzflächen tiefer, die Armlehnen begannen sich zu schwingen und wurden gegen Ende des Jahrhunderts gepolstert. Die Rückenlehnen sind wieder höher, oben rechteckig, leicht gekurvt oder bogenförmig,

immer mit Stoff überzogen. Der Armlehnstuhl – ein besonders würdevolles Möbel – steht auf hohen Beinen – den hohen Absätzen der Personen hohen Ranges entsprechend. Die Stuhlbeine sind geschnitzt und ausgekehlt, die Füße oft als abgeflachte Kugeln oder Tierklauen ausgebildet. Neben gewundenen und gedrehten Beinen erscheinen auch gerade, reich ornamentierte Balusterbeine. Die Stege sind x- oder h-förmig

26 *Armlehnstuhl, Louis-Quatorze*

ausgebildet und sind an den Kreuzungspunkten oft reich ornamental geschnitzt. Die Armlehnen laufen häufig in Voluten aus und sind mit geschnitzten Akanthusornamenten, Kerben etc. geschmückt.

Gegen 1673 erscheint im Stuhl-Repertoire der Ohrensessel, auch »en confessionnal« (Beichtstuhl) genannt, weil bei ihm das Gesicht des Sitzenden verdeckt wird. Natürlich spielte das Taburett in dieser Zeit eine besondere Rolle, da es immer den

rangniederen Personen zugewiesen wurde. So existierten allein in Versailles über dreizehnhundert Taburetts und *ployants!*
Das Holz der Sitzmöbel ist meist vergoldet, kann aber auch rot, grün oder gold-blau gefaßt sein. Als Polsterstoffe dienen kostbarer Goldbrokat, weißer China-Atlas, grüne Seidenstoffe aus Tours, Samt aus Genua, gelber Damast oder auch Stikkereibezüge. Dazu kamen Seiden- oder Wollfransen, die – oft

27 *Armlehnstuhl, Louis-Quatorze*

28 *Stuhl, Louis-Quatorze*

mit Gold- oder Silberfäden durchwirkt – von den Zargen herabhingen (die Abbildungen 26–31 zeigen Sessel und Taburetts des Louis XIV).
Wie der Ohrensessel diente auch eine andere Erfindung des Louis XIV nicht der prunkvollen Zurschaustellung, sondern dem Komfort: das *Kanapee (canapé)*, ein Ruhebett mit Seitenlehnen. Der Vorgänger des Kanapees, das 1663 zum erstenmal erwähnt wird, ist das *lit de repos*, eine große Bank mit einer

oder zwei hohen, schrägen Seitenlehnen mit Rohrgeflecht oder Polsterung, auf acht oder mehr kurzen Beinen. Dieses Ruhebett für den Tag war schon zur Zeit Ludwigs XIII. bekannt und soll in Versailles in fünfzig Exemplaren existiert haben (Abb. 32).

29 *Tabouret, Louis-Quatorze*

30 *Armlehnstuhl, Louis-Quatorze*

Das *Bett* war, wie schon im Louis XIII, mehr oder weniger eine Sache des Polsterers. Es nahm im Louis XIV als wichtigstes Repräsentationsmöbel (auch das »Lever« und »Coucher«, das Aufstehen und Insbettgehen, war einem umständlichen Zeremoniell unterworfen) und »lit de parade« (Paradebett) ungeheure Dimensionen ein und mußte in einem gesonderten Alkoven untergebracht werden, der dem Empfang des Besuches vorbehalten war. Neben dem Vierpfostenbett mit Baldachin nach altem Muster kam das Bett »à la duchesse« in Mode, das keine vorderen Pfosten aufwies, daneben das »lit à l'ange« mit verkürztem Baldachin.

31 *Ohrensessel, Louis-Quatorze*

Von den *Schränken* des höfischen Mobiliars wurden die großen, prachtvollen, oft zweitürigen Typen Boulles schon erwähnt. Daneben gab es bescheidenere Kleiderschränke aus massivem, geschnitztem Holz, die auch im Mobiliar des Bürgers vertreten waren. Zum erstenmal erscheinen jetzt auch die oben verglasten Bibliotheksschränke (armoire bibliothèque).

Die Erfindung der *Kommode* wird manchmal Boulle zugeschrieben, doch hat er diesen Möbeltyp nur zu einer endgültigen Form entwickelt, denn Vorformen existierten schon früher, etwa im englischen »chest of drawers« des 17. Jahrhunderts. Der Ausdruck »commode« allerdings kommt erst ab 1708 in Gebrauch. Im Spätbarock herrschen noch die kastenförmigen Kommoden auf kurzen, geschweiften Beinen vor, doch zu Beginn des 18. Jahrhunderts beginnen sich Fassade und Seiten zu schweifen.

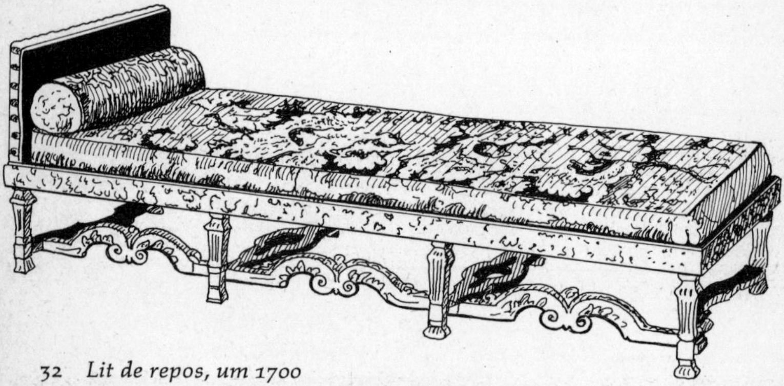

32 *Lit de repos, um 1700*

Die *Schreibtische* kamen in zwei Formen vor: der »bureau plat«, ein flacher Schreibtisch mit einer Reihe von drei Schubfächern unter der Platte (Abb. 33); und das schon aus dem Louis XIII bekannte Bureau mit zwei Schubladenblöcken (Abb. 34).

Ein weiteres neues Prunk- und Ziermöbel war der *Konsoltisch* (table console), der anfangs noch auf vier Beinen stand, gegen das Rokoko zu aber als Wandtisch mit zwei Beinen ausgestaltet wurde. Die Beine haben meist Baluster- oder Karyatidenform, die Zarge ist reich geschnitzt, die Mitte kartuschenförmig ausgebildet. Je weiter es auf das Rokoko zuging, desto mehr wurden die Beine als Ornament behandelt, wurden tek-

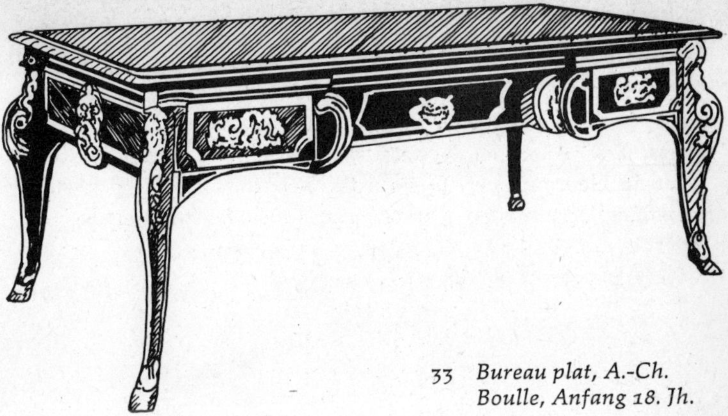

33 *Bureau plat, A.-Ch. Boulle, Anfang 18. Jh.*

34 *Schreibtisch, Louis-Quatorze*

35 *Tisch, Louis-Quatorze*

36 *Konsoltisch, Ende 17. Jh.*

37 Tisch, Boulle-Stil, um 1700

tonisch brüchiger und begannen sich zu schweifen. Auch die Gebrauchstische sind sehr kostbar ausgestattet, entweder geschnitzt und vergoldet oder mit Marketerien geschmückt und in der Form meist rechteckig, selten rund (Konsoltische und Tische des Louis XIV zeigen die Abb. 35–37).
Nach all der höfischen Pracht ist die Frage berechtigt, wie denn nun das bürgerliche Mobiliar des 17. Jahrhunderts ausgesehen hat. Obwohl sich das höfische Vorbild (vor allem bei der Ausgestaltung der Möbeltypen) in ganz Frankreich ausgewirkt hat, hat doch das bürgerliche Möbel – vor allem in der Provinz – eine Sonderentwicklung mitgemacht. Vielfach wurde hier das Massivholz beibehalten und die Formen zeigen größere Schlichtheit und weniger Verspieltheit, der Dekor weniger Glanz und Kostbarkeit, dafür aber mehr Wärme. Um dieser Sonderentwicklung gerecht zu werden, wird auf das Möbel der Provinz in einem eigenen Kapitel eingegangen.

Vor-Rokoko und Rokoko
Stil Régence und Louis XV
(1715–1774)

Nach französischer Einteilung der Stilperioden, die sich immer nach den regierenden französischen Fürsten richtet, müßte die Zeit des Übergangsstils vom Barock zum Rokoko mit der Regierungszeit des Regenten Philipp von Orleans übereinstimmen (1715–25) und das Rokoko selbst mit der Regierungszeit Ludwigs XV. (1725–74). Diese Zeiteinteilung wird der Stilentwicklung jedoch nicht ganz gerecht. Wir haben bereits gesehen, daß sich bei Boulle schon ab 1675, als er sich nach Bérains neuem Ornamentstil zu richten begann – also noch während der Regierungszeit des »Roi Soleil« – das ankündigt, was später als »Stil Régence« in die Kunstgeschichte einging. Und stilistisch begann das eigentliche Rokoko erst mit der Ausbildung des neuen Ornamentalelements der »Rocaille« um 1730, also etwa fünf Jahre nach Beginn der Regierungszeit Ludwigs XV.

Natürlich wirkten sich auch politische Verschiebungen auf die Entwicklung des neuen Stils aus. So war zum Beispiel die Rückverlegung des Hofes von Versailles nach Paris ein entscheidender Schritt auf das Rokoko zu, da diese Maßnahme neue gesellschaftliche Lebensformen, einen neuen Lebensstil mit sich brachte. Hatte bisher der Hof in Versailles mit seinem strengen und steifen barocken Zeremoniell den Ton angegeben, so war jetzt der freiere Lebensstil der Pariser Aristokratie und sogar des reichen Bürgertums maßgeblich und brachte für das Kunsthandwerk vollkommen neue Anregungen mit sich.

Diese Gesellschaft huldigte in ihrer Wohnkultur zwar immer noch dem Luxus, doch fand sie nicht mehr Geschmack an dem würdevollen Prunk des Louis XIV, sondern zog eine leichtere, weniger steife, elegante und komfortable Raumausstattung vor.

Neben vielen kleinen Schlössern auf dem Land – zum Teil für die Mätressen des Hofes gebaut – entstanden in Paris zahllose vornehme Stadthäuser, die neu ausgestattet werden mußten. Diese neuen kleineren Bauten enthielten nun nicht mehr große Repräsentationsräume, sondern eine Reihe intimerer kleiner Räume, die mehr dem Alltagsleben dienten. So enthielt ein Adelspalais neben kleineren Gesellschaftsräumen und Empfangszimmern einige Salons, Vorzimmer, das Schreibkabinett, die Bibliothek, Schlafzimmer, Kabinette, Garderobe und eine Reihe von Dienerzimmern.

Die offziellen Räume, wie Empfangsräume und Gesellschaftsräume, dazu auch die privaten Salons, waren in heiteren, zarten Farben ausgestattet, mit einer Vorliebe für Rosa, Hellblau, Taubengrau, Weiß und Gold. Die Wände waren vertäfelt oder mit Seidentapeten versehen, während die Papiertapete dem Bürgerhaus vorbehalten blieb.

Der Vielfalt der Räume entsprach eine Vielfalt der Möbel. Über die Anzahl und Beschaffenheit dieser verschiedenen Möbeltypen sind wir durch verschiedene Werke der Zeit genau informiert, wie etwa die sechs großen Bände von André Jacques Roubo, »L'Art du menuisier« (1769) und die Enzyklopädie von Diderot-Dalembert (ab 1751). Ein Studium dieser Werke ist unerläßlich, wenn man sich eingehend über die Wohnkultur des »Dixhuitième« unterrichten will. Ebenso wie ein Studium der Stiche von Abraham Bosse für das genaue Kennenlernen des Barockmobiliars der Mitte des 17. Jahrhunderts unerläßlich ist.

Die Möbelarten

Am vielfältigsten war das gesamte Sitzmobiliar ausgestattet. Neben der einfachen »chaise«, dem Stuhl mit Rückenlehne und dem »fauteuil« mit Armlehne und Rückenlehne finden wir nun (ab etwa 1735) die *Bergère* (Abb. 38), ein sehr bequemer, breiter, gepolsterter Fauteuil, meist mit aufgelegter Matratze und geschlossenen Armlehnen. Eine verbreiterte Bergère, auf der zwei Personen Platz haben, hieß *Causeuse* (oder Confident oder Tête-à-Tête). Eine weitere Spielart der Bergère hatte an den Rücklehnen Ohren und hieß *Bergère en confessional* oder *Bergère a joue* (Abb. 39). Ein besonders apartes Sitzmöbel war die *Voyeuse,* ein Stuhl mit Armpolstern auf der Rücklehne, auf dem man rittlings sitzen konnte, um das Geschehen an den Spieltischen zu verfolgen (Abb. 40).

38 *Bergère, Mitte 18. Jh.*

Aufwendig waren alle Möbel, die zum Ruhen tagsüber bestimmt waren, wie die *duchesse* oder das *lit de repos.* Die Duchesse war ein zusammengesetztes Möbel, das aus einer Bergère, einem *tabouret* und einer kleinen Bergère am Fußende bestand, die man *bout de pied* nannte. Das Lit de repos war nichts anderes als eine Duchesse in fester Form, die, mit einer hohen und einer niedrigen gerundeten Seitenlehne ver-

39 *Ohrensessel, Mitte 18. Jh.*

40 *Voyeuse, um 1750*

sehen, *turqoise* genannt wurde. Zum schon im Louis XIV gebräuchlichen *canapé* trat das *Sofa* mit seinen gefüllten, geschweiften Seitenlehnen hinzu, ebenso ein halbes Kanapee, das *marquise* hieß. *Ottomane* wurde eine Spielart des Kanapees mit halbrunden und geschlossenen Seitenlehnen genannt, doch gelegentlich wurde auch das Sofa als Ottomane bezeichnet, wie überhaupt die Bezeichnung der Typen in den verschiedenen Stichwerken manchmal differiert.

Fast ebenso vielfältig wie das Sitzmöbel-Repertoire war das der Tische. Neben dem großen, meist einfachen Eßtisch hatten im Speisezimmer die kleinen Kredenztischchen ihren Platz, die man *servantes* nannte. Im Schreibzimmer des Herrn stand der *bureau à cylindre,* das Rollbureau, das Mitte des 18. Jahrhunderts an die Stelle des Bureaus mit Aufsatz trat. Daneben war auch der elegante *bureau plat* noch in Mode, dem meist ein *cartonnier* beigegeben war, ein Schränkchen für die Schreibsachen. Die Damenschreibtische waren immer klein und anmutig, wie das pultartige *bureau à pente* und das *bonheur du jour.* Manchmal dienten diese Schreibtischchen auch als Toilettentische und wurden dann mit einem Spiegel ausgestattet. Natürlich gab es auch spezielle Frisiertische, die *tables de toilette,* die in einer späteren Zeit *poudreuses* getauft wurden. Besonders kostbar und reich verziert waren meist die kleinen *guéridons,* Tischchen für Nippsachen, die auch das Barock schon kannte.

Auch das Bett war in zahlreichen Spielarten vorhanden, denn in den vierziger Jahren wurde das altertümliche Pfostenbett, das nicht sehr viele Varianten zuließ, durch das *lit à la duchesse* ohne Bettgerüst ersetzt. Hatte es einen kleinen Betthimmel und hohe Seitenwände, so hieß es *lit à la polonaise,* hatte es eine hohe Kopfwand, nannte man es *lit à l'italienne,* ähnelte es einem Kanapee mit Baldachin, wurde es *lit à la turque* genannt.

Weniger artenreich waren die Schränke, denn zu den schon bekannten Garderobenschränken trat als neuer Typ nur die *encoignure* hinzu, ein Eckschränkchen, sowie ein halbhoher Schrank in Kommodenform, das *meuble d'entre-deux.* Der große Schrank, wie ihn das Barock kannte, tauchte erst im Spätrokoko wieder auf, da zuvor die vornehmen Räume mit Wandschränken möbliert waren. Neben der Kommode normaler Größe kam die *chiffonnière* in Mode, eine hohe Kommode mit vielen (meist fünf) Schubladen, auch Pfeilerschrank genannt, die noch bis ins Biedermeier hinein beliebt war.

Die neue vornehme Gesellschaft des Rokoko, die sich – nach Voltaire – gern der »ruhigen und zarten Schwelgerei« ergab, die Zwanglosigkeit, Komfort und Intimität schätzte, konnte sich in den schweren, steife Würde gebietenden Möbeln des Barock nicht wohlfühlen. Das Rokokomöbel ist leicht, anmutig, beweglich und bequem, vor allem das Sitzmöbel.

Zwar gab es noch die formelleren »sièges meublants«, die an den Wänden der Repräsentationsräume aufgestellt waren, doch standen daneben die »sièges courants« zur Verfügung, oft mit weichen Kissen versehen, die gruppenweise im Salon standen oder um den Kamin angeordnet wurden. Nach 1750 kam die *chaise en cabriolet* in Mode, die eine geschwungene, sich dem Körper anpassende Rückenlehne hat, und schon während des Règence erschien wieder das schöne, behagliche Rohrgeflecht, das schon das 17. Jahrhundert kannte, dem Louis XIV jedoch zu wenig prunkvoll war.

Die Sitze waren allgemein breiter und tiefer als zuvor, die Armlehnen wurden dem Unterarm angepaßt, und wo der Körper mit dem harten Holz in Berührung kommen konnte, wurde er durch üppige Polster daran gehindert.

Dem luxuriösen Sitzkomfort entsprach auch ein Luxus an Textilien, die nun immer hell und freundlich waren; Damaststoffe in Grün, Gelb, Karmesinrot und Blau, geriffelter, durchwirkter, bestickter Atlas, Seidentaft, Pekingstoffe mit bunten Blumen und für die Sitzmöbel des Winters Samt, grüner Utrecht-Plüsch mit Ranken- und Blumenmustern, Velours aus Genua.

Die Holzteile der Möbel beließ man selten in ihrer Naturfarbe, sie wurden meist farbig gefaßt oder vergoldet. Nur das einfache bürgerliche Möbel behielt den Naturton bei.

Beim Furnier setzten sich die hellen Holztöne durch, wie Veilchen-, Rosen-, Zitronen- und Amarantholz. Die Marketerie ist immer poliert, was dem Bedürfnis nach Glanz entsprach, wie er auch in der Vorliebe für ostasiatischen Lack und großen Spiegelflächen zum Ausdruck kam. Der Bronzedekor, die *appliques*, spielte immer noch die gleiche Rolle wie zuvor, doch wurde er jetzt ornamentaler eingesetzt.

Charles Cressent (1685-1768)

Bedeutendster Ebenist der Régencezeit, vielleicht der bedeutendste französische Ebenist überhaupt, war *Charles Cressent*. Als Sohn eines Bildhauers und Enkel eines Kunsttischlers wurde er in beiden Metiers ausgebildet und erreichte 1718 die Stellung eines Hofebenisten beim Herzog von Orleans. Obwohl er den Zunftbestimmungen gemäß als Ebenist nicht auch die Bronzen seiner Möbel selbst anfertigen durfte, setzte er sich, um seine Aufträge zu erfüllen, über diese Gesetze hinweg, so daß wir heute an Cressents Möbeln die wunderbarsten eigenhändigen Bronzebeschläge finden. Neben dem Hof hatte Cressent einen ausgedehnten Kundenkreis im Pariser hohen Adel und der Finanz, dazu auch bei ausländischen Fürsten. Daher befinden sich auch heute noch einige sehr schöne Cressent-Möbel in der Münchner Residenz (Abb. 41).
Die Marketerie tritt bei Cressent-Möbeln immer hinter den Bronzebeschlägen zurück und sie besteht nur aus einfachen mosaikartigen Mustern, allerdings aus kostbaren exotischen Hölzern wie Cayenne-, Satin-, Veilchen-, Rosen-, Amaranten-, Palisanderholz. Das Ornament aus Bronze, das den ganzen Möbelkörper umrankt, besteht aus vegetabilischen Motiven (Akanthus, Palmenzweige, Eichenzweige) und figürlicher Plastik (weibliche Büsten – *Espagnoletten* –, Masken, Satyrköpfe, Nymphen, Putten etc.). Vorbilder für Cressents Ornament waren u. a. die Stiche von Oppenordt und Watteau.
Bis zum Ende der zwanziger Jahre zeigen die Möbel Cressents noch Anklänge an die schwereren Formen des Louis XIV,

41 *Kommode, Charles Cressent*

doch von 1730 ab beginnen sich (vor allem bei den Kommoden) die Seiten zu wölben, die Fronten zu wellen, das ganze Möbel gerät in Bewegung.

Schon 1715 war von Boulle eine Kommode leichteren Typs mit nur zwei Schubladen und schlanken Beinen erfunden worden, doch erst aus dem neuen Kommodentyp Cressents – zwei Schubladen, hohe geschwungene Beine, geschwungene Vorderfront, kurvierte Zarge – entwickelte sich dann die typische Louis-Quinze-Kommode (Abb. 41 a). Begonnen hat die Entwicklung schon mit der bereits erwähnten Kommode »en tombeau«, die – wahrscheinlich von *Bérain* – aus antiken Sarkophagen hergeleitet wurde, die aber noch drei Reihen von Schubladen hatte und sehr kurze Beine (Abb. 42).

Der *Bureau plat*, der lange Schreibtisch ohne Aufsatz mit drei nebeneinanderliegenden Schubladen unter der Platte, war schon seit Boulle bekannt, doch wurde das Möbel unter Cressents Hand bedeutend eleganter. Das hier abgebildete Beispiel

41 a *Kommode, Charles Cressent*

aus dem Louvre (Abb. 43) stammt aus der Zeit um 1730. Typisch für den Stil Cressents sind die anmutigen Espagnoletten an den Ecken, die wahrscheinlich vom Ornament Watteaus angeregt wurden.

Das vornehme Luxusmöbel hatte seinen wesentlichen ornamentalen Dekor in den vergoldeten Bronzeappliken. Sie wurden von den *Fondeurs-Ciseleurs* gegossen und ziseliert und von den *Ciseleurs-Doreurs* vergoldet. Cressent, der sich, wie schon erwähnt, über die Zunftbestimmungen hinwegsetzte und seine Bronzen selbst goß, kam öfter mit dem Gesetz in Konflikt.

Auch das geschnitzte Möbel ging durch mehrere Hände, bevor es dem *Marchand-Mercier,* dem Möbelhändler, überlassen wurde. Der *Menuisier* (Schreiner) schnitt und formte das rohe Holz und machte die Profile und Verbindungsstege. Der Schnitzer schuf den Reliefdekor, Faßmaler und Vergolder die Fassung. Außerdem unterschied man bei den Schreinern noch zwischen den einfachen *chaisiers,* den Stuhlmachern, und den Ebenisten, die sich wiederum aufteilten in die *menuisiers d'assemblage* und die *menuisiers de placage et de marqueterie,* wobei die letzteren, die eigentlichen Kunsttischler, die größere Geltung hatten.

Seit 1743 wurde es für jeden zünftigen Meister Pflicht, sein Werk mit einem Stempel zu versehen – im Unterschied zu den freien Handwerkern, die keiner Zunft angeschlossen waren. Dies waren meist Ausländer – oft Deutsche –, die in einem gesonderten Asyl wohnten, aber auch die *ouvriers de la couronne,* die Meister im Dienste des Hofes. Sehr viele der hochwertigen französischen Möbel nach dieser Zeit tragen einen Namensstempel, dazu die Buchstaben ME für »Menuisier-Ébéniste«. Ist ein qualitätvolles Möbel nicht signiert, stammt es meist von einem königlichen Ebenisten.

Neben Appliken, Marketerie, Schnitzdekor, farbiger Fassung und Vergoldung gewann nun ein anderes Schmuckelement an Bedeutung, der Chinalack. Wie erwähnt, gab es schon unter Ludwig XIV. importierte Möbel aus Chinalack, und man begann auch schon mit der Nachahmung dieser ostasiatischen Möbel. Erst mit Robert Martin (1706–1765), der zusammen

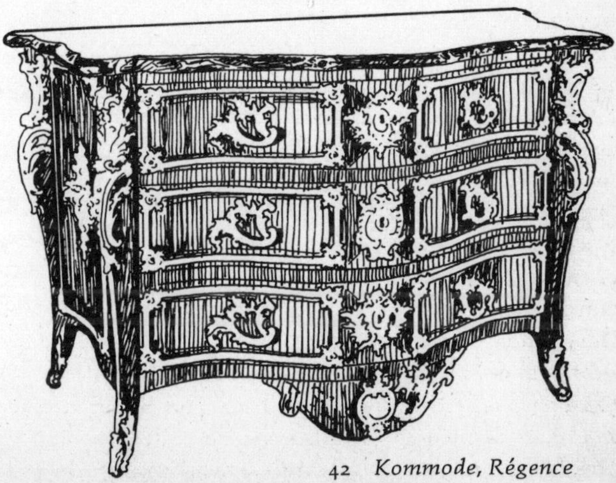

42 *Kommode, Régence*

mit seinen Brüdern mehrere Werkstätten für Lackmalerei unterhielt, begann dann die eigentliche Blüte dieser Kunst. 1730 bekam Martin ein königliches Patent, später wurde er »Vernisseur du Roi«. Die Gebrüder Martin statteten ganze Innenräume aus, wie z. B. das Grüne Kabinett in Versailles, dekorierten aber auch Einzelmöbel und andere Gegenstände mit ihrer Lackmalerei – meist Chinoiserien – und so wurden später alle Lackwaren dieser Art »Vernis Martin« genannt.

War für das ornamentale Dekor des Übergangsstils, des Régence, das Werk Jean Bérains maßgeblich, so übten für das Louis-Quinze die Stichwerke von Justes Aurèle *Meissonnier* (1693–1750) und Nicolaus *Pineau* (1684–1754) einen entscheidenden Einfluß aus.

Das Hauptelement des Rokokoornaments ist die »Rocaille«, das Muschelwerk, das aus Italien übernommen wurde, nun aber – in Verbindung mit Akanthus, Palmette, felsenartigen Gebilden (roc = Fels), Blumen, Emblemen und Masken – asymmetrisch eingesetzt und plastisch-kurvig, oft in C-Bögen ausgebildet wird. Während das Rokokoornament bei Pineau gemäßigt und harmonisch in Erscheinung tritt, wird es bei Meissonnier in leidenschaftlich bewegte, manchmal wilde und wuchernde Schwünge versetzt.

43 *Bureau plat, Charles Cressent*

44 *Rokoko-Konsole, Mitte 18. Jh.*

Auf dem Gebiet des Möbels kommen die neuen Tendenzen wohl am sinnfälligsten im Konsoltisch zum Ausdruck, der – auf zwei Beinen an die Wand gestellt – nur noch dekorative Funktion hat und in die allgemeine Wanddekoration (mit Boiserien, Spiegel etc.) einbezogen ist. Ein Konsoltisch im Stil Meissonniers aus dem Besitz des Louvre ist vollkommen ornamental aufgelöst, die Stützen bestehen nur noch aus zwei asymmetrischen C-Bogen (Abb. 44).
Wird das Régencemöbel meist nur mit einem Namen in Verbindung gebracht – mit dem Cressents –, so treten im Rokoko eine Reihe von Meisternamen hervor, unter anderem Antoine Robert Gaudreaux, Gilles Joubert, Bernard van Riesenburgh, Jacques Dubois und Pierre Migeon.

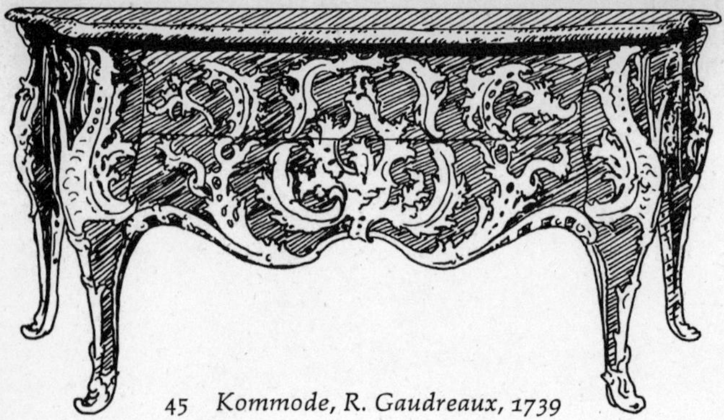

45 *Kommode, R. Gaudreaux, 1739*

Antoine Robert Gaudreaux (1680-1751)

Obwohl *Gaudreaux* Zeitgenosse von Cressent war und sogar noch vor ihm starb, wird sein Werk allgemein für das Rokoko in Anspruch genommen. Ab 1726 arbeitete er für Ludwig XV., vor allem für die Ausstattung der Bibliothèque Royale und der Tuilerien. Zu den wenigen erhaltenen Möbeln von Gaudreaux gehört ein wunderbarer zweitüriger Münzschrank in Kommodenform (1738) im Schloß Versailles und eine Kommode (1739), ebenfalls für Versailles gemacht, die heute im Besitz der Londoner Wallace Collection ist (Abb. 45). Wie Cressent hat auch Gaudreaux eine Vorliebe für geometrische Marketerie und reichen, das ganze Möbel umgreifenden Bronzedekor. Im Gegensatz zu Cressent stammen diese Bronzen jedoch nicht von ihm selbst, sondern von hervorragenden Bildhauern und Bronzegießern wie Sebastien Antoine *Slodtz* (z. B. die Münz-Kommode) und Jacques *Caffiéri* (z. B. die Kommode der Wallace Collection). Dieser Caffiéri – ein Sohn des italienischen Bildhauers Philippe Caffiéri, der von Mazarin nach Paris berufen worden war – war der führende *Fondeur-Ci-*

seleur Ludwigs XV. Caffiéri war ab 1736 im Dienst der Krone für die Ausstattung von Versailles, Fontainebleau, Choisy und Marly beschäftigt. Zu seinen besten Leistungen gehören zwei monumentale Leuchter in vergoldeter Bronze (Wallace Collection) und das Gehäuse einer astronomischen Uhr (Schloß Versailles) aus den Jahren 1751–53.

Gilles Joubert (1689-1775) und Pierre Migeon (1701-1758)

Passend zur Münz-Kommode von Gaudreaux stellte ein anderer Ebenist im Dienst Ludwigs XV., *Gilles Joubert,* siebzehn Jahre später drei bezaubernde Eckschränke in Veilchenholzfurnier her (Abb. 46). Joubert, der seit 1748 Lieferant des *garde-meuble* war und ab 1763 *ébéniste du roi,* war in seinem Stil eher konservativ. Er war ein Verwandter von *Pierre Mi-*

46 *Eckschrank, G. Joubert, 1755*

47 *Damenschreibtisch, Pierre Migeon II, um 1740/50*

geon II, der zu einer Familie bedeutender Pariser Ebenisten gehörte. Zu den Kunden der Migeons zählten Hof und Hochadel, und Pierre II war ein Günstling der Madame de Pompadour, die ihn verschwenderisch belohnte. Pierre II hatte sich vor allem auf kleinere Möbel spezialisiert, darunter auch Kombinationsmöbel wie Toilettentische, die zugleich als Reisebureaus zu verwenden waren. Eines seiner schönsten Möbel ist ein Damenschreibtisch mit Rosen- und Palisanderholzfurnier im Frankfurter Museum für Kunsthandwerk (Abb. 47). Neben Möbeln mit Blumenmarketerie lieferte Migeon auch Lackmöbel und war einer der ersten Pariser Ebenisten, die Mahagonifurniere verwendeten.

Jacques Dubois (1689-1775)

Jacques Dubois, von dem die Eckkommode der Abb. 48 aus den Jahren um 1750 stammt (Frankfurt, Museum für Kunsthandwerk), gehört ebenfalls zu den bedeutenden Pariser Ebenisten. Seine Marketerie ist immer sehr fein und zurückhaltend und überläßt dem Bronzedekor das bestimmende Wort. Ein Tischchen für das Tric-trac-Spiel (Abb. 49) zeigt Dubois als Meister des eleganten Kleinmöbels.

48 *Eckkommode, Jacques Dubois, um 1750*

49 *Spieltisch, Jacques Dubois, Mitte 18. Jh.*

Bernard van Riesenburgh (tätig zwischen 1730 und 1766)

Zu den interessantesten Erscheinungen der Pariser Ebenisten-Szene gehört *Bernard van Riesenburgh,* vor allem deshalb, weil man sehr lange gebraucht hat, seine Signatur BVRB zu enträtseln. Tatsächlich kannte Feulners großartiges Werk, die »Kunstgeschichte des Möbels« (Berlin 1927) den Namen Riesenburgh noch nicht, denn er wurde erst 1957 entdeckt. Riesenburgh, dessen Familie aus Holland stammte, arbeitete nur für Pariser Möbelhändler, die seine Möbel dann an so hohe Kunden wie Ludwig XV., den Prinzen Condé, Madame de

Pompadour und deutsche Fürsten verkauften. Sein frühestes bekanntes Möbel ist eine Kommode für das Kabinett der Königin in Fontainebleau aus dem Jahr 1737, heute in Privatbesitz. Riesenburghs Möbel zeichnen sich – bei meist einfachem Aufbau – durch eine raffinierte Blumenmarketerie oder Dekor in Vernis Martin aus. Der Lackschreibtisch der Münchner Residenz ist eines seiner anspruchsvollsten Möbel, er kann uns heute jedoch nicht mehr so begeistern wie etwa das einfachere lackierte Tischchen mit Platte aus Sèvresporzellan der Abb. 50 aus dem Jahr 1766.

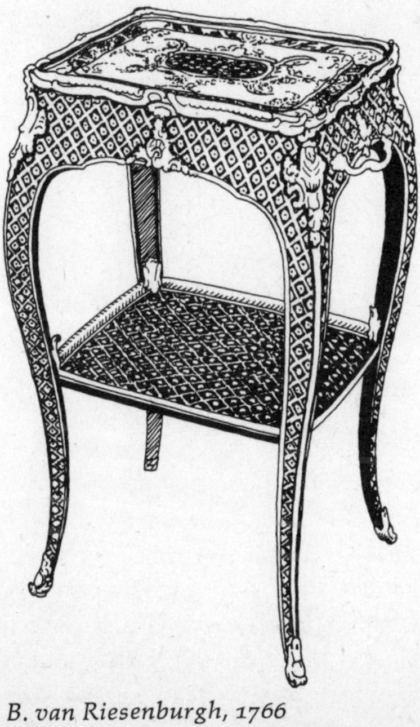

50 *Tischchen, B. van Riesenburgh, 1766*

Matthieu Criaerd (1689-1776)

Schließlich ist von den Pariser Ebenisten des Louis XV noch *Matthieu Criaerd* zu nennen, der außerordentlich feine Blumenmarketerie und geometrische Marketerie schuf, aber auch Lackmöbel wie die Kommode der Abb. 51.

51 *Lackkommode, M. Criaerd, Mitte 18. Jh.*

Eine Pariser Kommode aus der Zeit um 1760 im Besitz des Frankfurter Museums für Kunsthandwerk (Abb. 52) beweist, daß selbst weniger bekannte Ebenisten wie Denis Genty (tätig zwischen 1754 und 1770) hochwertige Möbel machen konnten. Es wäre ungerecht, neben den großen Ebenisten nicht auch die Meister des Sitzmöbels zu erwähnen, wie Louis *Delanois* (1731–1792) und Jean Baptiste *Tilliard II* (gest. 1797) oder die Schnitzer der Panneaus wie Jacques *Verberckt* (1704–1771) und Jules Antoine *Rousseau* (1710– nach 1790).

52 *Kommode, um 1760, Denis Genty*

53 *Fauteuil, um 1765, Louis Delanois*

54 *Bergère, um 1760, J. B. Tilliard*

55 *Fauteuil, um 1760*

Delanois, der Lehrer des großen menuisier des Louis XVI, George Jacob, schuf außerordentlich elegante Sitzmöbel, wie den Fauteuil der Abb. 53, der dank seiner bewegten, anmutigen Linienführung auch ohne Schnitzdekor auskommt. Tilliard, dessen Vater schon zu den Lieferanten des Garde

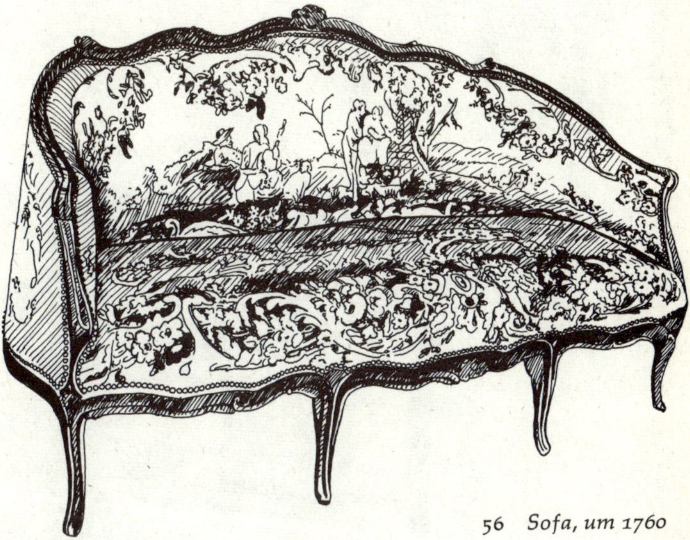

56 *Sofa, um 1760*

Meuble de la Couronne gehörte, ist der Meister der schönen Bergère der Abb. 54. Von anderen hochwertigen Sitzmöbeln (Abb. 55–58) kennen wir die Namen ihrer Meister nicht.

Obwohl nicht eigentlich zum Mobiliar gehörend, sind doch die Boiserien des Rokoko wichtiger Bestandteil der Gesamtausstattung und gaben dem Möbel in vielen Fällen erst den notwendigen Rahmen. Die Abb. 59 zeigt den Ausschnitt einer Boiserie für das Cabinet de la Pendule in Versailles, die Verberckt 1738/39 schnitzte.

57 *Lehnstuhl mit Rohrgeflecht, Régence*

58 *Stuhl, Mitte 18. Jh.*

59 *Boiserie, 1738/39*

Der Stil der Übergangszeit

(Transition)

Der Klassizismus – die Rückkehr zu römischen und griechischen Kunstformen – machte sich in der Möbelkunst etwa ab 1760 bemerkbar. Den Anstoß zur Erneuerung hatte die Marquise de Pompadour gegeben, die 1749 (ein Jahr nach Beginn der Ausgrabungen von Pompeji) ihren Bruder, den zukünftigen Marquis de Marigny, zum Studium der antiken Kunstwerke nach Italien reisen ließ. Dieser, der »Directeur General des Bâtiments«, war in Begleitung des Architekten Soufflot und des Zeichners Cochon fils, eines Rokokoverächters, der energisch die Rückkehr zum »guten Geschmack des vergangenen Jahrhunderts« forderte.

Einige Stichwerke, die nach 1750 erschienen, machten die Kunstwelt auf die Schätze der antiken Kulturen aufmerksam. Von größtem Einfluß war das Werk des Comte de Caylus, »Recueil des antiquités égyptiennes, étrusques, grècques et gauloises« von 1755, das in der Entwicklung des französischen Klassizismus eine ähnlich entscheidende Rolle spielte wie die Werke Winckelmanns für den deutschen Klassizismus.

Die neuen Geschmacksideale wurden den Möbelkünstlern vor allem durch die Stichwerke von Roubo (Art du Menuisier, 1769–1775) und Delafosse (nach 1768) bekannt. Während zunächst noch die geschwungenen Möbelformen des Rokoko beibehalten wurden, bahnte sich ab 1760 ein Wandel im Dekor an, der nun viel zurückhaltender, strenger, eben »klassischer« wurde. Ein Spätwerk des großen Meisters des Übergangs, *Jean-François Oeben,* veranschaulicht die neuen Tendenzen. Während der Körper des Damenschreibtischchens (Abb. 60) – vor allem Platte und Beine – noch der Rokokotradition verhaftet ist, sehen wir im Bronzedekor (Lorbeergirlande!) und in der Marketerie schon neue, auf das Louis XVI weisende Ornamentformen.

60 *Damenschreibtisch*
J.-F. Oeben, um 1760

Jean-François Oeben (1720-1763)

Oeben wurde um 1720 in Deutschland geboren und lernte in seiner Heimat die Bildhauerei und Schlosserei. Er wanderte mit seinem Bruder, dem Ebenisten Simon Oeben, nach 1741 nach Frankreich aus und heiratete 1749 die Tochter des niederländischen Ebenisten Lacroix. 1751 trat er in die Werkstatt von Charles-Joseph Boulle ein, dem Enkel des berühmten André-Charles Boulle. Nach dem Tode Boulles 1754 wurde Oeben dank der Protektion der Marquise de Pompadour »ébéniste du roi«. Erst 1761 wurde er maître ébéniste, mußte also seit dieser

61 *Schreibsekretär, J.-F. Oeben, um 1760*

62 *Rollbureau, J.-F. Oeben und J. H. Riesener, 1760–70*

Zeit seine Möbel mit Namensstempel versehen. Da seine Witwe die Werkstatt nach seinem Tod (1763) weiterführte, wurden seine Stempel bis 1767 verwendet, als sie Oebens Gehilfen, den Ebenisten Riesener heiratete.

Obwohl uns heute die herrlichen Blumenmarketerien (Abb. 61) am meisten begeistern, war Oeben zu seiner Zeit vor allem wegen eines anderen Vorzugs seiner Möbel berühmt: die raffinierten mechanischen Raffinessen, mit denen er sie ausstattete. Als gelernter Schlosser war er in der Lage, Kombinationsmöbel mit Geheimfächern zu schaffen – *meubles à secrets et à surprises* – wie z. B. Tische in Kommodenform mit versenkbaren Bücherregalen und Fächern für Schreibrequisit. Mit diesen Möbeln war Oeben wohl zwischen 1750 und 1760 hauptsächlich beschäftigt, da sie zu den gefragtesten Ausstattungsgegenständen der kleinen Rokokoräume gehörten wie Damenboudoirs etc. Das bekannteste Möbel Oebens

63 *Chiffonnière, J. F. Oeben, um 1760*

ist das sogenannte »Bureau du Roi Louis XV«, das 1760 bestellt wurde, und das Riesener nach Oebens Tod vollendete. Dieses gewichtige Prunkmöbel (Abb. 62) mit reichem Bronzeschmuck ist ein »Rollbureau« (oder »Zylinderbureau«) mit Jalousieverschluß. Dieser Mechanismus wurde in Frankreich zuvor bei einem Sekretär noch nicht eingebaut, und die Anregung dazu geht angeblich auf den Grafen Kaunitz zurück, weswegen dieser Möbeltyp auch »Bureau à la Kaunitz« genannt wurde.

Zu den stilistisch fortschrittlichsten Möbeln Oebens gehört eine Chiffonnière im Besitz des Louvre (Abb. 63) wegen ihrer ge-

64 *Kommode, J. F. Leleu, um 1770*

raden Form, ihrer klassizistischen Bronzebeschläge und ihrer schönen Würfelmarketerie. Wahrscheinlich entstand diese Chiffonniére um 1760. Ebenfalls aus diesen Jahren stammt eine *table à bourgogne,* ein Verwandlungstischchen aus dem Münchner Residenzmuseum. Bei diesem kleinen Möbel, das noch den geschwungenen »pied de biche« (Geißfuß) des Rokoko aufweist, sorgt ein Federmechanismus dafür, daß sich eine Schublade nach vorne schiebt und ein kleines Lesepult zum Vorschein bringt.

65 *Kanapee, um 1770*

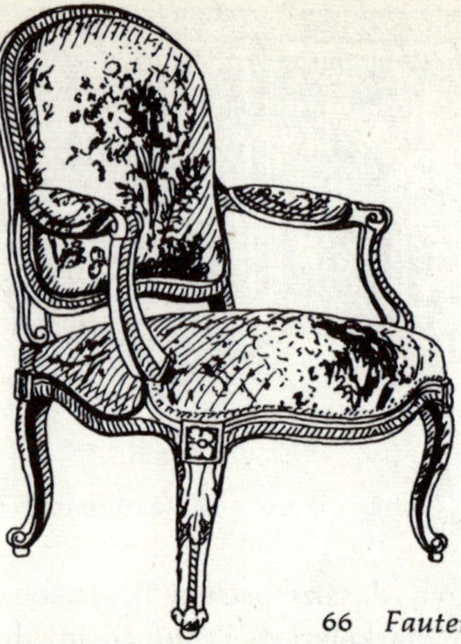

66 *Fauteuil, um 1770*

Zu den begabtesten Schülern Oebens gehörte Jean-François *Leleu* (1729–1807), dessen Arbeiten – wie die Rieseners – in erster Linie dem Louis XVI angehören, der jedoch auch schon erstklassige Transition-Möbel machte. Die Kommode der Abb. 64 zeigt alle Merkmale des Übergangsstils mit geschwungenen Beinen, vorspringender Front, sowie Beschlägen und Marketerie nach klassischem Vorbild. Auch beim Sitzmöbel sind diese Merkmale zu erkennen – der Möbelkörper, der noch der Rokokotradition verhaftet ist und der neue klassizistische Dekor. Dies zeigt sowohl das Kanapee der Abb. 65, wie auch der Fauteuil der Abb. 66. Jetzt tauchen auch zum ersten Mal die für das Louis XVI-Ornament typischen Rosetten im Quadrat auf – vielleicht eine Erfindung von Georges Jacob, dem bekanntesten französischen menuisier des Louis XVI. Nach dem Jahr 1770 ist der Entwicklungsprozeß abgeschlossen und vor allem in Paris werden nur noch reine Louis XVI-Formen verwendet. Die Provinz, die immer der allgemeinen Entwicklung nachhinkt, bleibt allerdings noch bis zum Ende des 18. Jahrhunderts der Tradition verhaftet und stellt noch Louis XV-Möbel her.

Stil Louis XVI
(1774–1792)

Schon 1763, also elf Jahre vor dem Regierungsantritt des Königs Ludwig XVI. (1774–92), hatte sich in Frankreich (vor allem aber in Paris) der klassische Geschmack durchgesetzt, so daß ein Freund Diderots, der Deutsche Grimm, in seiner »Correspondence« schreiben konnte: »Seit mehreren Jahren hat man wieder auf die antiken Ornamente und die antiken Formen zurückgegriffen. Der Geschmack hat dadurch bedeutend gewonnen, und die Mode ist so allgemein geworden, daß man heutzutage alles à la grècque macht. Die Innen- und Außendekoration der Bauten, die Möbel, die Stoffe, die bijoux jeder Art, alles ist in Paris griechisch. Der Geschmack ist von der Architektur in die Modeläden gekommen. Unsere Damen sind griechisch frisiert. Die Galanteriewaren, die man heute in Paris fertigt, zeigen sehr guten Geschmack; ihre Formen sind schön, vornehm und angenehm, während sie vorher, vor zehn oder zwölf Jahren, willkürlich, verdreht und absurd waren.«

Wie bereits beschrieben, machten sich die neuen Tendenzen beim Möbel zuerst in der Ornamentik bemerkbar. Der Klassik entnommene Ornamente, die nun das Louis XVI beherrschten, sind: Eierstab, Akanthusranke, Flechtband, Wellenranke, Mäander, Palmette etc. Daneben gibt es aber auch neue oder dem Rokoko-Vokabular entnommene Motive wie Girlanden, Blütenzweige, Blumenranken, Schleifchen, welche die klassischen Motive ergänzen.

Nachdem sich schon ab 1760 diese Ornamentik durchgesetzt hatte, begann sich Ende der sechziger Jahre der gesamte Möbelkörper dem neuen Geschmack anzupassen.

Von den aufklärerischen Gegnern des Rokoko war vor allem eine Rückkehr zur Einfachheit und tektonischen Logik gefordert worden. Nicolas Cochin, der zu den wütendsten Rokokofeinden gehörte, veröffentlichte schon 1754 in der Zeitschrift »Mercure« eine Bittschrift an Goldschmiede, Ziseleure und Holzschnitzer und forderte das Verschwinden der Rokokoauswüchse zugunsten von klaren, mit dem Verstand faßbaren Formen wie Rechteck, Kreis, Oval und Kubus.

67 *Rollbureau, J. H. Riesener, um 1785*

Die unruhigen, bewegten Umrisse des Rokokomöbels weichen nun einfachen, ruhigen Formen. Die Seitenwände und Fronten der Kommoden werden gerade, die Beine, die noch während des Régence geschwungen waren, ebenfalls: sie sind nun kantig oder kanelliert.

Bei der Marketerie herrschen geometrische Formen vor (Rauten, Würfel etc.), und wenn naturalistische Motive angewandt werden, dann immer streng stilisiert.

Bei aller Einfachheit und Strenge der Form hat sich eines jedoch nicht geändert: der Hang zum Luxus. Im Gegenteil, die Marketerie ist so kostbar und technisch vollkommen wie nie zuvor. Königin Marie-Antoinette, die den Luxus auf die Spitze trieb, hatte eine Vorliebe für kostspielige Perlmutter-Marketerie. Ein Rollbureau, das der bedeutendste Ebenist des Louis XVI, Jean-Henri Riesener für sie arbeitete, hat eine Marketerie aus Perlmutt und Stahl, daneben sparsame Bronzeappliken. Dieses Luxusmöbel (Abb. 67) gehörte zur Einrichtung des Boudoirs der Königin in Schloß Fontainebleau und ist heute noch dort zu sehen.

Die Bronzeappliken, die im Rokoko das Luxusmöbel beherrschten, treten jetzt zurück und lassen der Marketerie den Vorrang. Die verwendeten Furnierhölzer sind noch zahlreicher als zuvor, doch ist die Farbigkeit verfeinert. Das Lackmöbel ist auch im Louis XVI immer noch beliebt, Vernis Martin erscheint in glänzenden Blau-, Grün- und Rottönen. Nun entsinnt man sich auch wieder des strengen Reizes der Boulle-Marketerie und geht soweit, Boulle-Möbel zu kopieren, so daß man diese Nachschöpfungen heute oft nicht mehr von Boulles Originalen unterscheiden kann.

Um die Kostbarkeit des Möbels zu steigern, wurden nun auch Einlagen aus Sèvresporzellan, Wedgewoodsteingut, ostasiatischem Lack, Miniaturen oder Hinterglasbildern angebracht – ein Raffinement, das auf unser Auge etwas übertrieben wirkt.

Die Bronzen wurden nun so fein und delikat ziseliert, daß sie nur noch aus der Nähe ihre volle Wirkung entfalten konnten, und auch die Schnitzereien der Sitzmöbel und Konsolen sind filigranartig minuziös.

Neu ist im Möbel des Louis XVI die Verwendung von Mahagoni-Furnier für große Flächen. Besonders beliebt ist dabei das intensiv gemaserte Holz der Ansatzstellen von Zweigen und Wurzeln. Die Mahagonimode kam aus England, wo dieses Holz schon seit dem frühen 18. Jh. zu den bevorzugten Furnierhölzern gehörte.

Die Möbelarten des Louis XVI entsprechen im wesentlichen denen des Louis XV, doch kamen besonders beim Kleinmöbel noch einige Typen hinzu. Die *Tricoteuse* ist ein kleines Arbeitstischchen, das im Boudoir der Dame seinen Platz hatte (Abb. 68). Es hat meist einen galerieartig erhöhten Rand, um die Strick- und Stickutensilien vor dem Herabfallen zu bewahren. Das Tischchen *en chiffonnière* (Abb. 69) – eines der beliebtesten Kleinmöbel – hat ein unteres Abstellbrett, und wenn es noch einen kleinen Aufsatz mit Fächern hat, heißt es »Bonheur du jour« (Abb. 70). Das hier abgebildete Exemplar stammt von dem Pariser Ebenisten Charles Topino, der länger als andere Meister an Rokokoformen (geschwungene Beine!)

68 *Tricoteuse, um 1790*

69 *Tischchen »en chiffonnière«*

festhielt. Ebenfalls von Topino wurde ein hübsches Tischchen in Herzform gemacht – ein Typ, der wahrscheinlich von Oeben erfunden wurde und als Toiletten- und Rasiertisch für den Herrn diente.

Bei den Schreibmöbeln setzte sich nun der Schreibtisch mit Rollverschluß – eine Neuheit des Transition-Mobiliars – allgemein durch (Abb. 71). Beliebt im vornehmen Raum ist neben dem Bureau plat (Abb. 71 a) auch der *Secrétaire à abattant,* der meist mit zwei Türen unter dem herabklappbaren Frontdeckel versehen ist (Abb. 72). Im Speisezimmer gibt es nun neben halbhohen Büffets, die aus dem bürgerlichen Mobiliar übernommen wurden, auch eine Anzahl kleiner, beweglicher Möbel wie Serviertischchen *(servante)* und die *rafraîchissoirs,* die mit Weinbehältern und Abstellflächen versehen waren, um beim intimen Mahl den Diener zu ersetzen. Jetzt kommt auch der Eßtisch in Mahagoniholz in Mode – ebenfalls ein »Import« aus England.

70 *»Bonheur du Jour«, Ch. Topino, um 1775*

Bei den Sitzmöbeln gibt es nur eine wesentliche Neuheit, das *canapé à confidente,* das seine Blütezeit zwischen 1770 und 1780 hatte. Dieses Kanapee ist sehr breit und hat an den Enden durch Armlehnen abgetrennte Sitze (Abb. 73). Das hier abgebildete Stück ist mit einem Gobelin-Bezug versehen. Ein großer Teil der kostbaren gewebten Bezugsstoffe stammte aus den Werkstätten von Beauvais, die eine lange Tradition hatten und auf eine Gründung des 16. Jahrhunderts zurückgehen. Die Blütezeit hatte Beauvais unter der künstlerischen Leitung von J. B. Oudry (1726), der ab 1733 auch Inspekteur der Pariser Manufacture des Gobelins war. Beauvais machte den Pariser Gobelin-Werkstätten, die neben Wandteppichen auch Bezugs-

71 *Rollbureau, G. Kemp, um 1770/80*

stoffe herstellten, heftig Konkurrenz. Möbelbezüge wurden oft *en suite* gemacht, passend zu Vorhängen und anderen Draperien. Neben Beauvais war Lyon ein bevorzugter Lieferant für Möbelstoffe, vor allem für Stoffe in der Art von Pekingseiden mit vertikalen Streifen und kleinen Streublumenmotiven.

Die künstlerisch beherrschende Gestalt unter den Pariser Ebenisten der zweiten Jahrhunderthälfte war *Jean-Henri Riesener*. Wie Oeben stammte Riesener aus Deutschland, und wenn man die wichtigsten Pariser Ebenisten dieser Zeit aufzählen wollte, würde man noch auf einige andere deutsche Namen stoßen wie Weisweiler, Benemann, Schwerdfeger, Roentgen, Wolff und Schlichtig. Sie alle profitierten von einer Gesetzeslücke, die

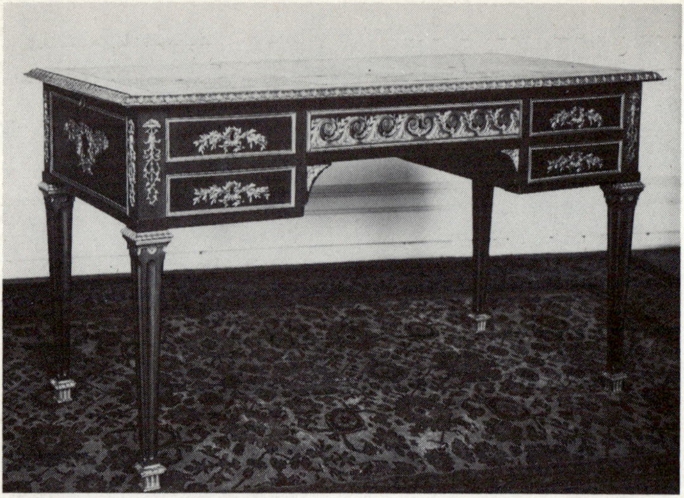

71 a *Bureau plat, um 1770*

72 *Sekretär, um 1790*

es ausländischen Kunsthandwerkern möglich machte, in Paris seßhaft zu werden. Dies sehr zum Ärger der heimischen Meister, die trotz der strengen Statuten der Pariser *Corporation des menuisiers-ébénistes* nicht vermochten, der Ausländer Herr zu werden. Es gab ganze Stadtviertel, die von ausländischen Kunsthandwerkern besiedelt waren, und es kam schließlich so weit, daß im Jahr 1785 mehr als ein Drittel selbst der zünftigen Meister Ausländer waren. Die deutschen Kunsttischler wohnten meist im Faubourg Saint-Antoine und waren so unter sich, daß sie es oft nicht nötig hatten, Französisch zu lernen.

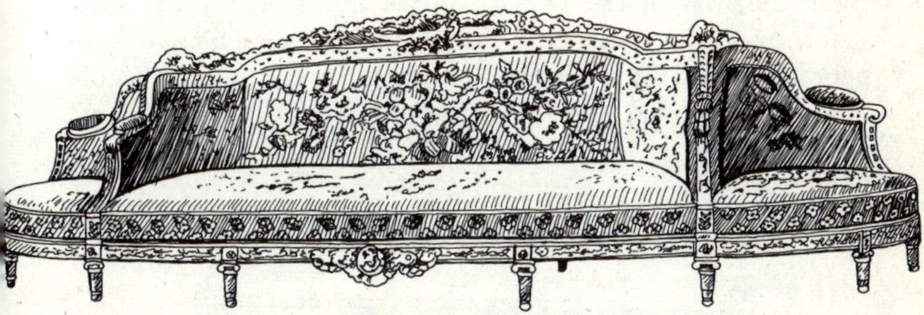

73 *Confidente, um 1770*

Jean-Henri Riesener (1734-1806)

Jean-Henri Riesener wurde 1734 in Gladbeck bei Essen geboren. Bevor er um 1754 in Paris in Oebens Werkstatt eintrat, hatte er wahrscheinlich schon eine Lehrzeit in Deutschland hinter sich. Beim Tod Oebens 1763 war Riesener *premier garçon* des Meisters, also erster Gehilfe. Die Witwe Oebens führte mit Hilfe von Riesener, den sie als Leiter einsetzte, die Werkstatt weiter. Dies ärgerte seinen um fünf Jahre älteren Kollegen Jean-François Leleu so sehr, daß er kündigte und sich selbständig machte. 1767 wurde Riesener *maître* und heiratete ein Jahr später Oebens Witwe. Nach der Thronbesteigung Ludwigs XVI. (1774) wurde er – dank der Protektion von Marie-Antoinette – *ébéniste ordinaire du roi.* Ein Teil der Riesener-Möbel des Stils Transition wurde bereits vorgestellt, wie der prunkvolle *bureau du Roi,* der noch zu Oebens Lebzeit 1760 in Auftrag gegeben worden war. Wie weit dieses Möbel Oeben zuzusprechen ist, und wie weit Riesener dafür verantwortlich ist, weiß man nicht genau. Man weiß nur, daß bei Oebens Tod der Rahmenbau fertig war, und die Bronzeornamente modelliert und zum Teil schon gegossen waren. Riesener hat also für die Zusammenfügung gesorgt und für die figürliche Marketerie. Dieser Rollsekretär wurde 1769 abgeliefert, nachdem Riesener in der Marketerie seine Signatur angebracht hatte. Ebenfalls von ihm vollendet und signiert wurde

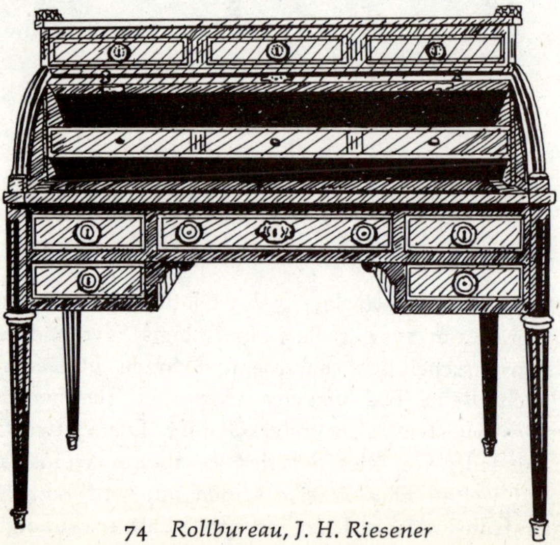

74 *Rollbureau, J. H. Riesener*

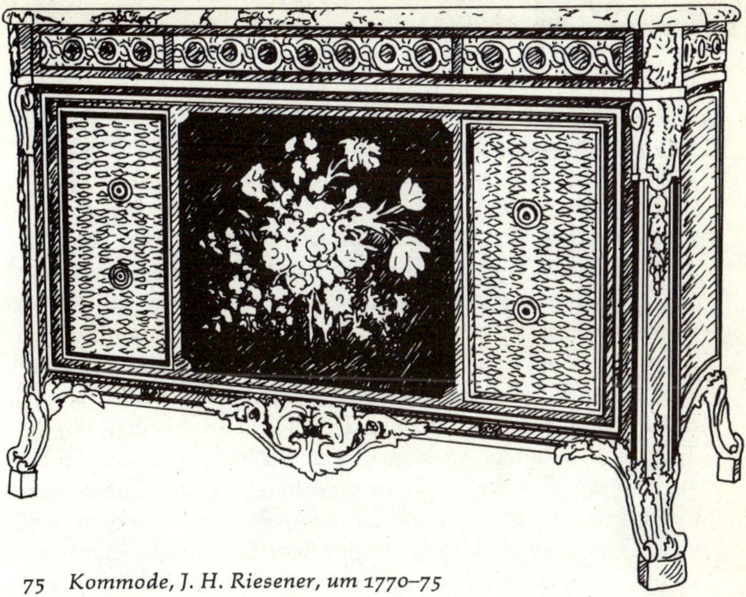

75 *Kommode, J. H. Riesener, um 1770–75*

ein ähnlicher Prunksekretär, den Oeben für Stanislas Lesczynski, König von Polen, begonnen hatte, und der heute in der Londoner Wallace Collection steht. Bis Riesener selbst Meister wurde, war er als Mitglied der Oeben-Werkstatt immer noch gezwungen, Oebens Stempel zu verwenden, auch wenn ein Möbel größtenteils oder vielleicht auch ganz von ihm stammte. Rieseners beste Zeit begann erst nach 1774, als er Hofebenist Ludwigs XVI. geworden war. Bereits 1775 lieferte er für das Schlafzimmer des Königs in Versailles eine überaus reich verzierte Kommode, die mit ihrem Preis von 28 268 livres eines der teuersten Möbelstücke des gesamten 18. Jahrhunderts war (heute Chantilly, Musée Condé). Die ursprünglich in der Marketerie angebrachten Insignien des Königs mußten während der Revolution entfernt werden, doch hat Riesener selbst diese Arbeit ausgeführt. Mehr als die Prunkmöbel dieser Art sprechen uns heute Rieseners schlichtere Möbel an, wie der wunderbar elegante Rollsekretär in Mahagoni (Abb. 74), der heute im Besitz des Pariser Musée des Arts décoratifs ist. In Zusammenarbeit mit dem deutschen Mechaniker Merklein schuf er verschiedene Verwandlungsmöbel, darunter einen Tisch für Marie-Antoinettes Schlafzimmer, der von einem Eßtisch in einen Frisiertisch und Arbeitstisch verwandelt werden konnte. Merklein selbst berichtete über dieses Wunderwerk, daß es in einen Frisiertisch zu verwandeln ist, wenn man »einen Knopf drückt, wodurch sich verschiedene Fächer mit allen für die Toilette benötigten Artikeln öffnen«. Weiter war das Möbel auch in einen Schreibtisch zu verwandeln, denn »auf Knopfdruck kommt ganz langsam ein Lesepult zum Vorschein, und wenn ein anderer kleiner Knopf betätigt wird, taucht eine kleine rechteckige Platte auf, auf welche man ein Buch oder Noten legen kann«.

Zwischen 1770 und 1775 entstand die schöne Kommode mit Blumenintarsien aus verschiedenen Hölzern und zurückhaltendem Bronzedekor, die heute im Pariser Museum Nissim de Camondo steht (Abb. 75). Möbel dieser Art mußten teuer bezahlt werden, und als die Sparmaßnahmen der Jahre nach 1780 den Hof zwangen, sich weniger luxuriös zu gebärden, wurden meist andere Ebenisten mit Aufträgen bedacht, wie Stöckel und Benemann. Nur die Königin selbst blieb Riesener weiter treu und bestellte bei ihm so aufwendige Möbel wie den genannten Sekretär mit Stahl- und Perlmuttmarketerie, der aus den Jahren 1784–87 stammt.

Obwohl Riesener fast nur für den Hof und den Pariser Hochadel arbeitete, überstand er die Revolution und war sogar in der Lage, bei der Versteigerung des Hofmobiliars eine Reihe seiner eigenen Werke zurückzukaufen. Als er sie dann allerdings Napoleon anbot, hatte er Pech, denn dieser huldigte einem bereits fortgeschritteneren Stil.

Adam Weisweiler (ca. 1750-ca. 1810)

Zu den deutschstämmigen Ebenisten, die in Paris ihr Glück machten, gehört auch *Adam Weisweiler.* Wahrscheinlich hat er seine Lehrjahre in Roentgens Werkstatt in Neuwied hinter sich gebracht – genau weiß man es nicht –, doch ließ er sich vor 1777 in Paris nieder und wurde 1778 *maître.* Weisweiler, der fast ausschließlich den Pariser Möbelhändler Dominique Daguerre belieferte, machte äußerst delikate, bisweilen zer-

76 *Schränkchen, A. Weisweiler, um 1780–90*

brechlich wirkende Möbel, die er mit Vorliebe mit Einlagen aus Japanlacktafeln, Sèvresporzellan oder Pietra-dura-Tafeln versah. Seine Möbel gingen an die vornehmsten Kunden Daguerres, wie die Königin Marie-Antoinette und den Prince of Wales. Zu seinen feinsten Arbeiten gehören zwei Ebenholzschränkchen mit japanischen Lacktafeln, die zwischen 1780 und 90 entstanden und heute im Besitz des Pariser Musée Nissim de Camondo sind (Abb. 76). Wie Riesener überlebte auch Weisweiler die Revolution und verstand es sogar, sich der Gunst der neuen Herrscher zu versichern. So lieferte er 1806 für Königin Hortense einige luxuriöse Schmuckschatullen.

Johann Wilhelm Benemann und Joseph Stöckel (1734–1802)

Wie schon erwähnt, war es ein weiterer Ebenist aus Deutschland, *Johann Wilhelm Benemann* (Guillaume Beneman), der ab 1785 bevorzugter Hoflieferant wurde. Er hatte sich 1784 niedergelassen, war 1785 *maître ébéniste* geworden und verstand es, mit seinen weniger kostspieligen Möbeln Riesener auszustechen. Lange galt Benemann als führender Exponent des späten Louis XVI, doch haben neuere Forschungen ergeben, daß er oft nur Möbel anderer Ebenisten abwandelte, vor allem die eines anderen deutschstämmigen Kollegen, *Joseph Stökkel.* Beide spielten dann auch bei der Entwicklung des Directoire- und Empiremöbels eine Rolle. Die schöne Kommode in Halbmondform mit Rosenholzfurnier der Abb. 77 – heute in London, Victoria und Albert Museum – beweist die Meisterschaft Stöckels.

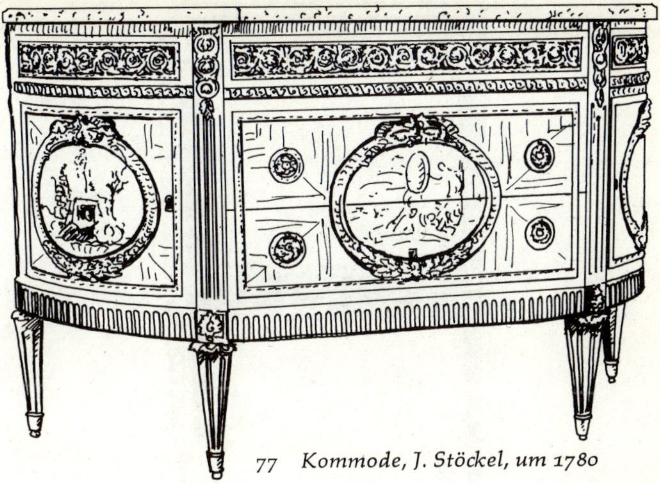

77 *Kommode, J. Stöckel, um 1780*

Martin Carlin

Ein weiterer bedeutender Ebenist des späten Louis XVI war *Martin Carlin.* Er kam aus Deutschland, ließ sich um 1759 in Paris nieder, heiratete eine Schwester von Oeben und arbeitete möglicherweise auch in dessen Werkstatt. Nachdem er 1766 *maître-ébéniste* geworden war, belieferte er vor allem Möbelhändler wie Poirier und Daguerre. Seine Möbel sind im Format meist klein und mit Vorliebe mit Einlagen aus Sèvresplatten versehen, umgeben von dunklem Lack. Zu seinen weniger aufwendigen, jedoch eleganten Arbeiten gehört das kleine Tischchen aus Ebenholz der Abb. 78, das er um 1785 an die Töchter Ludwigs XV. lieferte.

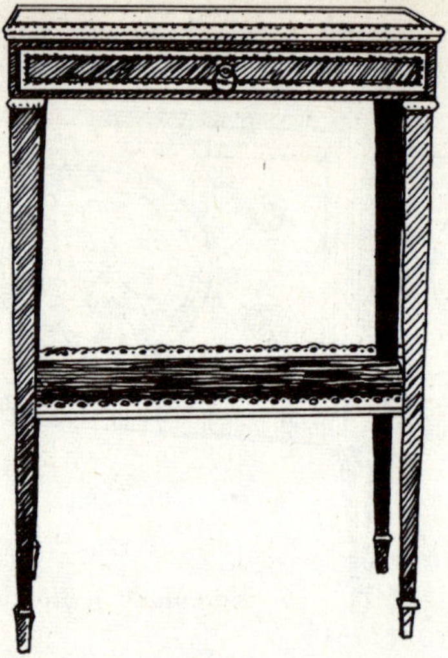

78 *Tischchen, M. Carlin, um 1785*

David Roentgen (1743-1807)

Der Vollständigkeit halber sei erwähnt, daß der berühmteste deutsche Ebenist, *David Roentgen* aus Neuwied, in Paris ein Lager unterhielt. 1779 kam er mit einer Wagenladung erlesenster Möbel nach Paris und verkaufte Ludwig XVI. für die enorme Summe von 80 000–90 000 Livres einen Sekretär mit eingebauter Uhr und Spieluhr. Der König ernannte Roentgen zum *ébéniste-mécanicien du Roi et de la Reine,* 1789 wurde er in Paris *maître* und benützte den Signaturstempel »David«.

Neben diesem Aufgebot an deutschen, bzw. aus Deutschland stammenden Kunsttischlern nimmt sich der französische Anteil vergleichsweise bescheiden aus. Tatsächlich waren es nur einige wenige französische Ebenisten, die sich damals einen Namen machen konnten, darunter Jean-François Leleu, René Dubois und Etienne Levasseur.

Jean-François Leleu (1729-1807)

Wie schon erwähnt, begann *Leleu* in Oebens Werkstatt und machte sich nach dessen Tod selbständig. Er wurde 1764 *maître* und belieferte dann vor allem den Prinzen Condé. Seine handwerklich sehr sorgfältig gearbeiteten aber formal wenig eindrucksvollen Möbel sind meist mit Marketerie, aber auch mit Sèvresplatten oder Lacktafeln versehen. Eine Kommode Leleus aus den Jahren 1770–80 verrät in ihrer ruhigen Formgebung noch den Einfluß der Oeben-Werkstatt (Abb. 79).

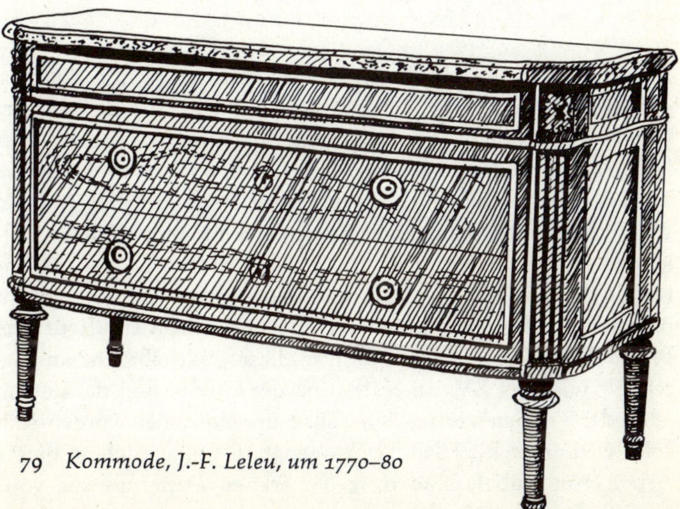

79 *Kommode, J.-F. Leleu, um 1770–80*

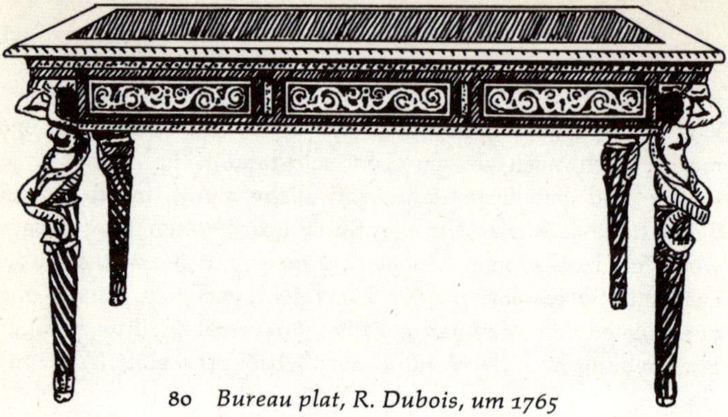

80 *Bureau plat, R. Dubois, um 1765*

René Dubois (1737-1799)

René Dubois, ein Sohn des Rokoko-Ebenisten Jacques Dubois, gehörte zu den wenigen französischen Meistern, die sich der Gunst der Königin Marie-Antoinette erfreuten. Nach einer Lehrzeit bei seinem Vater wurde er 1754 *maître-ébéniste* und 1779 *ébéniste de la Reine.* Zu den bemerkenswertesten Möbeln von Dubois gehört ein Bureau plat der Londoner Wallace Collection, der zwischen 1765 und 1768 entstand. Dieses farbenfreudige Möbelstück – grün und gold lackiert mit vergoldeten Bronzebeschlägen – bekundet Dubois' Vorliebe für figürliche Plastik (Abb. 80). Angeblich war dieser Schreibtisch ein Geschenk Ludwigs XV. an Katharina die Große, und da an ihm 1807 der Friedensvertrag von Tilsit unterzeichnet worden sein soll, wird er auch »Tilsit Tisch« genannt. Erstaunlich an dieser Arbeit von Dubois sind trotz der frühen Datierung die vollentwickelten Louis XVI-Formen.

Étienne Levasseur (1721-1798)

Étienne Levasseur gehörte zu den französischen Ebenisten des Louis XVI, die vor allem im Stil Boulles arbeiteten. Levasseur wurde in der Boulle-Werkstatt ausgebildet und wurde 1767 *maître*. Neben der Nachbildung und Restaurierung von Boulle-Möbeln widmete er sich auch dem Möbel mit Mahagoni-Furnier. In manchen Arbeiten nimmt er Entwicklungen des Empire vorweg, wie etwa bei dem Schreibtisch der Abb. 81 mit seitlichen Schubladenfächern und dreiteiligem Aufsatz.

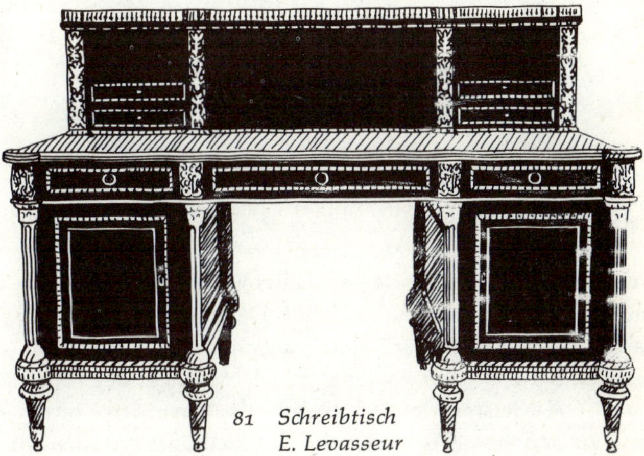

81 *Schreibtisch*
E. Levasseur

Georges Jacob (1739-1814)

Neben den Spezialisten für Kastenmöbel seien jedoch nicht die Meister des *Sitzmöbels* vergessen. Die herausragende Gestalt ist *Georges Jacob,* dessen Werk vom Louis XVI zum Empire hinüberleitet, und der Stammvater einer Kunsttischler-

82 *Sessel, Georges Jacob*

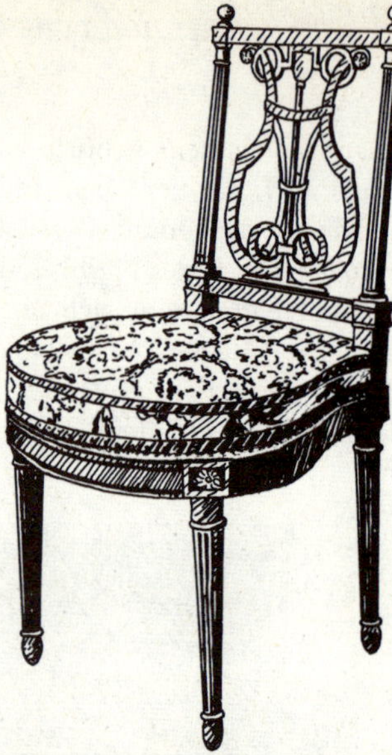

83 *Stuhl, Georges Jacob*

dynastie wurde. Nach seiner Lehrzeit – wahrscheinlich bei dem *menuisier* des Rokoko, Louis Delanois – wurde er 1765 *maître-menuisier* und arbeitete zunächst in der Tradition des Rokoko. Bis 1780 war er dann jedoch zu einem der führenden Louis XVI-Meister des Schnitzmöbels geworden. Jacob gehörte zu den ersten französischen Möbelkünstlern, die – nach Anregung der Vorlagen Chippendales – englische Formen und Mahagoniholz verwendeten. Die Rückenlehnen seiner englisch beeinflußten Stühle haben oft die Formen von Leiern, Garben oder Fächern. Die typische Form des Louis XVI-Stuhles mit seiner rechteckigen Lehne und dem reich geschnitzten klassischen Ornament geht wahrscheinlich auf Jacob zurück. Sitzmöbel von Jacob, die noch dem Louis XVI angehören, zeigen die Abbildungen 82–83. Obwohl Jacob sehr vornehme Kunden hatte, arbeitete er relativ wenig für den Hof, der andere Meister wie Sené, Foliot und Boulard bevorzugte.

Jean-Baptiste-Claude Sené (1748-1803)

Jean-Baptiste-Claude Sené war künstlerisch zwar weniger genial als Jacob, ihm handwerklich jedoch ebenbürtig. Sené wurde 1769 *maître* und gehörte in den achtziger Jahren zu den Ausstattern der Schlösser Fontainebleau, Trianon, Versailles und Chantilly. Die Bergère der Abb. 84 stammt aus dem Jahr 1787 und gehörte zur Einrichtung des Schlafzimmers der Königin in Saint-Cloud. Im gleichen Jahr lieferte Sené auch die Möbel für das Schlafzimmer der Königin – dies war zugleich einer der letzten großen Möbelaufträge des *ancien regime.*

Allgemein sei zum Sitzmöbel des Louis XVI noch folgendes bemerkt. Der allgemeinen Tendenz zum geometrischen Umriß entsprach bei den Rückenlehnen der Stühle und Sessel die Vor-

84 *Bergère, J.-B.-C. Sené, 1787*

85 *Stuhl, J. L. Cosson, um 1780*

liebe für das Rechteck (carré à la Reine) und das Oval (dossier à médaillon). Sitz und Rückenlehne wurden gepolstert, ebenso die Armlehne. Die Lehnen sind – dem Körper angepaßt – schief gestellt. Die Beine sind gerade und gedrechselt, verjüngen sich nach unten hin und haben gerade oder spiralförmige Kanneluren. Nach 1785 wurden die hinteren Beine etwas schräg gestellt oder waren säbelförmig geschwungen (Abb. 85, 85 a, 85 b).

85 a *Stuhl, J. B. B. Demay, 1770–80*

85 b *Sessel, 1770–80*

Directoire, Consulat und Empire (1795–1815)

Die Übergangsstile zum voll entwickelten Klassizismus, dem Empire, werden in Frankreich mit »Directoire« und »Consulat« bezeichnet. Diese Bezeichnung folgt den historischen Gegebenheiten: »Directoire« hieß die oberste französische Regierungsbehörde nach der Verfassung vom 23. 9. 1795, die aus fünf Direktoren bestand. Diese Zeit endete am 9. 11. 1799 mit dem Staatsstreich Bonapartes und nun begann das »Consulat«, das bis zum 18. 5. 1804 dauerte, der Proklamation Napoleons zum Kaiser.

Diese politische Einteilung entspricht jedoch wiederum nicht ganz der stilistischen Entwicklung, denn einige Merkmale des »Directoire« traten schon während des späten Louis XVI in Erscheinung.

Während das Louis XVI sich weitgehend nach klassischen griechischen Vorbildern orientierte, kam um 1790 die »etruskische Mode« auf, die sich nach Vorbildern aus Etrurien, Rom und Ägypten richtete. Zu den Bahnbrechern dieser Mode gehörte der Maler Louis David, der 1788 für sein Atelier Möbel nach antiken Vorbildern entwarf, die dann von Georges Jacob ausgeführt wurden. Über diese aufsehenerregenden Möbel schrieb ein Besucher des Malers: »Das Mobiliar seines Ateliers im Louvre mit den olivgrünen Wänden war in seiner Art eine Sehenswürdigkeit, etwas Pikantes. Die gefälligen Stühle aus dunklem Mahagoniholz, bedeckt mit Polstern aus rotem Wollstoff mit Palmblattstickereien an den Nähten, waren kopiert von denen, die man häufig auf etruskischen Vasen dargestellt sieht.«

Leider sind diese Möbel Davids heute nicht mehr vorhanden, doch kann man sich aus einigen Gemälden des Malers (»Paris und Helena«, »Brutus«) ein gutes Bild von ihrer Beschaffenheit machen.

86 *Stuhl, Georges Jacob, 1787*

Bereits 1787 hatte ein weiterer Maler, Hubert Robert, für Marie-Antoinettes *laiterie* die Entwürfe für einen Satz Stühle geliefert, die dann ebenfalls von Jacob ausgeführt wurden. Das hier abgebildete Exemplar (Abb. 86) mit seinen Palmetten auf der Rücklehne entspricht ganz dem neuen »Etruskischen Stil«, der sich bis 1795 in Paris durchgesetzt hatte.

Jacob, der durch die Unruhen der Revolution weitgehend ruiniert wurde (vornehme Kunden, die der Revolution zum Opfer fielen, schuldeten ihm große Beträge), konnte sich dank der Protektion von David zwar halten, zog sich aber 1796 aus dem Berufsleben zurück und überließ die Firma seinen Söhnen Georges II. und François Honoré Georges, der sich später Jacob-Desmalter nannte. Im Jahr 1800 kehrte Georges Jacob dann allerdings noch einmal zurück, um an dem großen Auftrag für die Ausstattung der Tuilerien-Appartements mitzuarbeiten. 1813 zog er sich dann endgültig zurück und starb ein Jahr später.

Während das vornehme Möbel des Louis XVI meist mit Marketerie versehen war, wurde während des Directoire und Consulat das Mahagonifurnier immer bliebter. Diese Furniere wurden nun nicht mehr mit Bronzeapplikenverziert, sondern mit Messing.
Die Lehnen der Stühle sind im Directoire meist volutenförmig nach rückwärts gebogen, die Beine manchmal faltstuhlartig

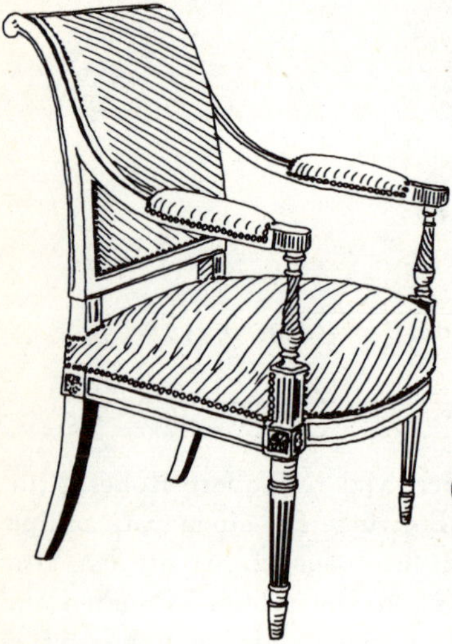

87 *Sessel, 1790–1800*

88 *Sessel, 1790–1800*

überkreuzt und rückwärts säbelförmig geschwungen. Der Sessel der Abb. 87 mit seiner gebogenen Rückenlehne zeigt noch den Schnitzdekor des Louis XVI, während der Sessel der Abb. 88 mit seinem Palmettendekor und den geschnitzten Löwenköpfen und -tatzen auch ornamental alle Merkmale des Directoire-Stils zeigt.
Von den großen Meistern des Louis XVI waren neben Jacob auch noch Beneman und Weisweiler in der Nachrevolutionszeit tätig. Eine elegante Blumenkrippe mit gekreuzten Beinen, die zwischen 1795 und 1800 entstand, trägt die Signatur Weisweilers (Abb. 89).

89 *Blumenkrippe, A. Weisweiler, 1795–1800*

An Möbelarten war das Directoire weniger reich als die vorangegangene Zeit. Die Bergère, die während des Rokoko und Louis XVI zu den unentbehrlichen Einrichtungsgegenständen gehörte, kam völlig aus der Mode, ebenso wie andere große Sitzmöbel. Nur die Chaiselongue wurde noch hergestellt, doch ähnelte sie jetzt einer antiken Liege und wird *Méridienne* (Mittagsschlaf) genannt (Abb. 90). Die Stuhlmöbel waren nun zwar besonders elegant und leicht, doch mangelte es ihnen am

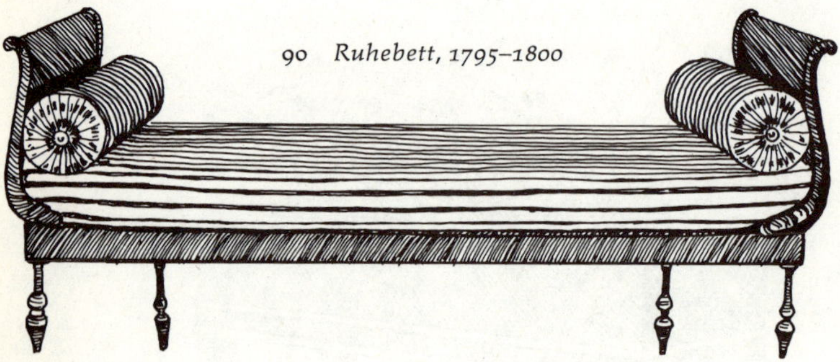

90 *Ruhebett, 1795–1800*

nötigen Komfort, da sie nicht mehr so üppig gepolstert waren. Die Klage eines Bürgers der Jahrhundertwende ist daher zu verstehen: »Gebt es zu, mein Lieber, daß man nicht sitzen kann, man ist keineswegs ausgeruht! Kein Stuhl, Sessel oder Armlehnstuhl ohne nacktes Holz und scharfe Kanten! ... Bewege ich mich, stoße ich mich an den Kanten, die in Arme und Hüften schneiden. Es bedarf unzähliger Vorsichtsmaßregeln, um nicht bei der friedlichen Benutzung eurer Möbel erdrückt zu werden. Gott möge uns in diesen Zeiten vor der Versuchung bewahren, daß wir uns in einen Armlehnstuhl werfen – man liefe Gefahr, dort erschlagen zu werden!«
Neu im Stuhlrepertoire ist die Form *en gondole* mit schräg nach hinten ausschwingender Rückenlehne und ohne Arm-

stützen, so daß ein Offizier auf ihm sitzen konnte, ohne seinen Säbel abzuschnallen (Abb. 91).

Nach den schweren Jahren der Revolution fand Frankreich im »Consulat« wieder zu politischer Ordnung und wirtschaftlichem Wohlstand zurück. Für das Handwerk hatte der Umsturz entscheidende Änderungen gebracht: die Zünfte waren

91 *Gondelstuhl, um 1800*

abgeschafft worden und mit ihnen auch die strengen Ausbildungsverordnungen, die eine jahrzehntelange Lehrzeit verlangten, ehe der Rang eines »maître« errungen werden konnte. Dies brachte notwendigerweise eine Verschlechterung der Qualität mit sich. Auf der anderen Seite gab es einige technische Verbesserungen, vor allem beim Schreinerhandwerk. Die Zeit der großen Ebenistenpersönlichkeiten, deren Möbel Kunstwerke waren, ging nun zu Ende und nur noch einige wenige arbeiten in der alten Tradition. An die Stelle der Werkstätten traten nun mehr und mehr handwerkliche Großbetriebe, und die Technik verdrängte weitgehend die Kunst.

François Honoré Georges Jacob-Desmalter (1770-1841)

Zu den Ebenisten, die noch in alter Werkstättentradition aufgewachsen waren, gehörte der schon erwähnte Sohn von Georges Jacob, *François Honoré Georges Jacob-Desmalter.* Nach dem frühen Tod seines Bruders Georges II (1803) und dem Wiedereintritt seines Vaters in die Firma, signierten die beiden ihre Möbel mit »Jacob-Desmalter et Cie«. Auch diese Firma war für damalige Verhältnisse schon ein Großbetrieb, denn zu ihr gehörten 15 Werkstätten, die bis zu 300 Arbeiter beschäftigten. Jacob-Desmalter war der bevorzugte Ebenist des neuen Herrschers, für dessen Appartements in Versailles, Malmaison und Fontainebleau er das Mobiliar lieferte. Die Entwürfe der Möbel stammten in den meisten Fällen von den Architekten *Charles Percier* und *Pierre Fontaine,* die als die eigentlichen Schöpfer des Empire-Stils angesehen werden können.

Charles Percier (1764-1838) und Pierre Fontaine (1762-1835)

Beide hatten sich nach einem Studium in Paris, bei dem Architekten A. F. Peyre in Rom gründliche Kenntnisse der klassischen und Renaissancearchitektur erworben. Sie kehrten 1791 nach Frankreich zurück und entwarfen Möbel für den Nationalkonvent, die Georges Jacob ausführte. Für das »Konzil der 500« entwarfen sie 1798 Möbel im »Antiken Stil«, die ebenfalls von Jacob ausgeführt wurden. Von den Malern David und Isabey wurden sie 1799 Joséphine Bonaparte vorgestellt, die ihnen den Auftrag gab, Malmaison neu zu gestalten. Dies war der Beginn ihrer Tätigkeit für das Haus Bonaparte. Das für die Entstehung des Empirestils entscheidende

Werk »Recueil des décorations intérieurs« veröffentlichten Percier und Fontaine 1801. Dieses programmatische Werk, das mit Stichen nach eigenen Entwürfen versehen war, beginnt mit folgenden Sätzen: »Absicht ihrer Publikation ist es nicht, Vorbilder zu schaffen, sondern die Grundsätze des Ge-

92 *Sekretärschrank, G. Beneman, um 1800*

schmacks aufzuzeigen, die sie aus dem Altertum geschöpft haben, die nach ihrer Ansicht mit den allgemeinen Gesetzen der Wahrheit, Einfachheit und Schönheit verknüpft sind, den Gesetzen, die ewig in den Schöpfungen der Kunst herrschen sollten. Gegen diese Gesetze haben die vorhergehenden Epochen gesündigt. Nur das 16. Jahrhundert, das gewissermaßen ein Nachkomme des Altertums war, bildet eine Ausnahme.

Die folgenden drei oder vier Geschmacksperioden haben das Gute verdorben, und am meisten hat das 18. Jahrhundert gefehlt, das seinen erbärmlichen Geschmack in der Vergoldung der Boiserien, im Kontur der Spiegel, in der Schweifung der Supraporten, der Wagen, in den gemischten Linien der Grundrisse, in der manierierten Komposition der Gemälde gezeigt hat. Am Ende des Jahrhunderts begann die Rückkehr zur Einfachheit des antiken Geschmacks. Die wissenschaftliche Rekonstruktion des Altertums gewann Einfluß auf das Kunstgewerbe, und bald ersetzten einfache Linien, reine Konturen, korrekte Formen das Gemischtlinige, das Geschweifte, das Unregelrechte. Die griechische Mode gewann Verbreitung. Nun ist zu erwägen, daß nur die monumentalen Kunstwerke die Zeit überdauert haben, nicht das Kunsthandwerk und was dazu gehört. Da will die Publikation einsetzen. Sie will erreichen, daß wenigstens die Prinzipien nicht durch die Neuerungssucht und die Macht der Mode zerstört werden.«

Noch in die Zeit des »Consulats« fallen die Arbeiten für das Schloß Malmaison, das Madame Bonaparte 1799 kaufte und von Percier und Fontaine fertigstellen und zum Teil auch ausstatten ließ. Diese Räume sind heute noch erhalten und ermöglichen es, sich ein Bild der vornehmen Innenausstattung Percier-Fontaines im Vor-Empire zu machen.

Zu den schönsten Möbeln nach frühen Entwürfen Percier-Fontaines gehört ein Schreibschrank für Napoleon, den Guillaume Beneman ausführte, und der für Fontainebleau bestimmt war, wo er heute noch steht (Abb. 92). Die Eleganz dieses Mahagonimöbels und die wunderbar in die Fläche gesetzten anmutigen Bronzen nach antikem Geschmack verraten noch nichts von dem kalten und oft schweren Prunk des voll ausgereiften Empire.

Der Stilwandel zum ausgereiften Empire läßt sich am besten anhand der verschiedenen Möbeltypen verfolgen.

Charakteristisch für die *Sessel und Stühle* des Consulats sind rechteckige, oft durchbrochene Rückenlehnen, die noch bis in die Anfänge des Empire hinein volutenförmig zurückgebogen sein können. Die Vorderbeine sind gedrechselt, häufig in Säulen- oder Balusterform, während die hinteren Beine glatt und gebogen sind. Diese säbelförmigen Beine werden auch im Empire beibehalten, doch werden nun die harten, unbequemen Rückenlehnen wieder gepolstert und mit Bezügen versehen. Insgesamt werden die zuvor grazileren Formen schwerer, wuchtiger und das gesamte Möbel prunkvoller. Sehr beliebt sind bis in die Restaurationszeit hinein die schon erwähnten

93 *Sitzgarnitur, P. A. Bellangé, 1805/10*

94 *Kabinettstuhl, 1800–1810*

95 *Lehnsessel, Jacob-Desmalter, um 1810*

Gondelstühle. An den Armlehnstützen erscheinen nun häufig vollplastische Schnitzereien, die der Mythologie und Tierwelt entnommen sind (Chimären, Sphinxen, geflügelte Löwen, Schwäne), aber auch Frauenbüsten. Die Schwäne wurden zum bevorzugten Motiv des Empire, seit die Firma Jacob damit das Schlafgemach der Juliette Récamier, von der später noch die Rede sein wird, verziert hatte.

Die Armlehnen, die meist gerade verlaufen, enden meist in einer Kugel, einer Volute oder einem Knauf. Vornehme Sitzmöbel, wie die Desmalters, sind mit Beauvaisbezügen (Blumen- und Vogelmotive) ausgestattet, daneben wird aber auch Velours, karmesinroter Damast, grauer und weißer Brokat und grüne, bestickte Seide verwendet (Stühle und Sessel des Vor-Empire und Empire zeigen die Abb. 93–94). Das Schwanen-Motiv kommt besonders schön in einem Gondole-Sessel zur Geltung, den Jacob-Desmalter für die kaiserlichen Gemächer von Saint-Cloud – nach Entwurf Perciers – anfertigte (Abb. 98). Ein Stuhl aus Schloß Malmaison (Mahagoni mit Einlagen aus Ebenholz und Hartzinn) stammt etwa aus dem Jahr 1800, trägt den Stempel der Brüder Jacob und zeigt im Ornament noch die schöne, anmutige Zurückhaltung des Vor-Empire (Abb. 99).

Aus dem Sitzmöbel-Repertoire des Louis XIV wurden nun wieder zwei einfache Typen herausgeholt, Schemel und Hokker. Dies nicht von ungefähr, denn Napoleon schätzte das glanzvolle Hofzeremoniell und die strenge Etikette und erlaubte es nur sich, der Kaiserin und »Madame Mère« auf Sesseln zu sitzen, während alle anderen Personen sich mit Hokkern begnügen mußten.

Zu den neuen Stuhlmöbeln gehörte die *causeuse*, ein großer Sessel für zwei Personen, und die *chauffeuse*, die neben dem Kamin ihren Platz hatte. Neben der bereits erwähnten *méri-*

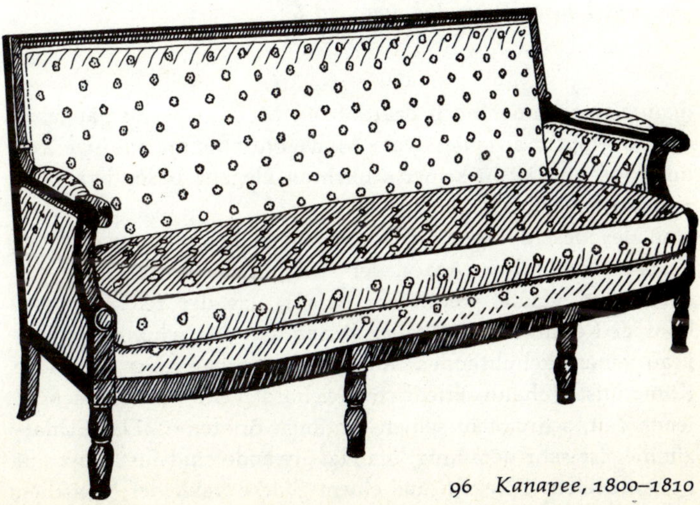

96 *Kanapee, 1800–1810*

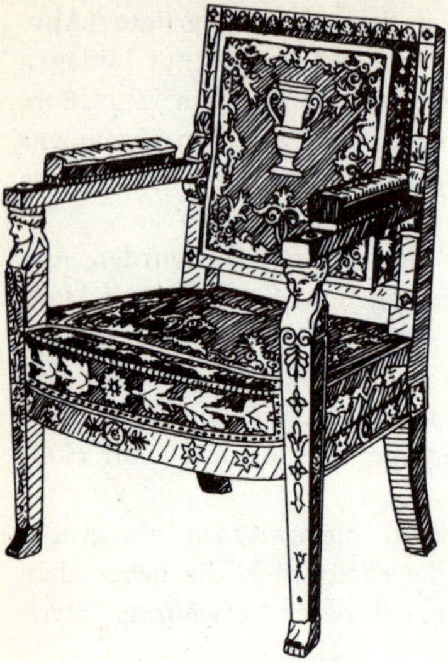

97 *Armlehnstuhl, 1800–1810*

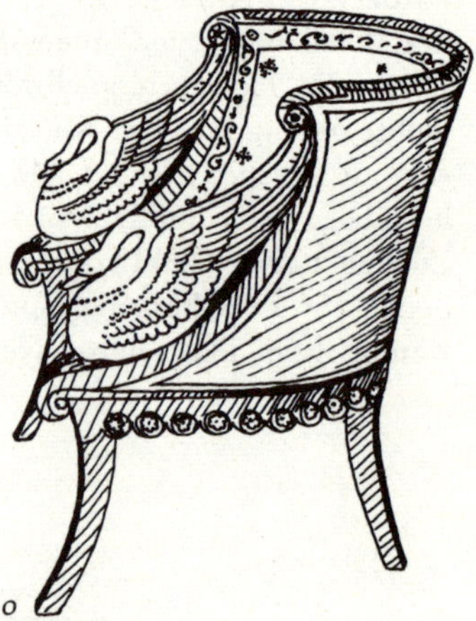

98 *Sessel, Jacob-Desmalter, um 1810*

dienne war immer noch das Sofa in Mode. Das hier abgebildete Exemplar aus massivem Mahagoni stammt aus der Zeit um 1805 und ist in seiner schlichten Eleganz besonders sympathisch (Abb. 100).

Von der Beschaffenheit des vornehmen *Schlafzimmers* zeugt ein Text der Jahre 1802/3, der sich mit der Ausstattung des berühmten »Hôtel Récamier« befaßt, das der reiche Pariser Bankier Récamier hatte bauen lassen, um der Schönheit seiner Frau einen gebührenden Rahmen zu geben. Der deutsche Komponist Johann Friedrich Reichardt, ein Paris-Reisender jener Zeit, schreibt in seinen »Intimen Briefen«: »Das Schlafzimmer ist sehr geräumig, die Hauptwände sind fast ganz mit hohen breiten Spiegeln aus einem Stücke bekleidet; zwischen

99 *Stuhl, Brüder Jacob, um 1800*

den Spiegeln und den hohen, in vielfarbigem Holze sehr künstlich gearbeiteten Türen braune und weiße Boiserie, stark mit sauber ziselierter Bronze verziert; die Hinterwand des Zimmers, den Fenstern gegenüber, besteht fast ganz aus einer Spiegelplatte. Vor dieser steht das ätherische Götterbett; ganz weiß, aus den allerfeinsten indischen Zeugen, alles wie hingehaucht. Das Bettgestell hat eine schöne antike Form und ist unten herum äußerst reich, doch ohne Überladung, mit den feinsten Bronzearbeiten verziert. Schöngeformte antike Gefäße stehen auf dem zwei Tritt hohen Rand des Bettgestells. Ganz zurück zwei sehr hohe Kandelaber, jeder mit sechs bis acht hohen Wachslichtern besteckt. Der Knopf oder die Krone des Bettes ist fast ganz oben in der äußersten Höhe des Zimmers am Gebälk befestigt, und von ihr fallen zu beiden Seiten die köstlichen weißen Vorhänge, nur gegen den Hintergrund des Bettes herunter, bis fast zum Boden. Der Hintergrund besteht

100 *Sofa, um 1805*

übrigens aus einem schweren, violetten damastenen Vorhang, der von oben bis unten in schweren Falten herunterfällt und an beiden Seiten stark auseinandergeht, um die Spiegelwand so frei zu lassen, daß, wenn Madame Récamier im Bette liegt, man sie vom Scheitel bis zur Zehe ganz im Spiegel wiedersieht. Vom obern künstlich gearbeiteten Wandgesimse fällt über den

101 *Bett, Anfang 19. Jh.*

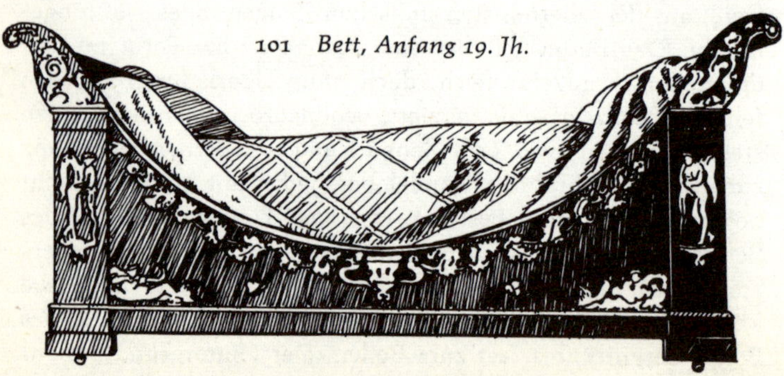

violetten Damast eine wohl zwei Ellen breite, reiche Einfassung von goldfarbigem Atlas.«

Bei diesem Bett der Madame Récamier handelte es sich um den Typ »en bateau« – in Bootsform –, der noch bis in die Restaurationszeit hinein sehr beliebt war. Über dem hier abgebildeten Beispiel aus dem Pariser Musée des Arts décoratifs (Abb. 101) ist noch ein reicher Draperien-Himmel zu denken, wie Reichardt ihn beschreibt. Darüber hinaus gab es noch das *»lit à la turque«* mit volutenartig aufgerollten Bettenden und das *»lit à l'antique«*, das lediglich ein hohes Kopfende besitzt (Abb. 101 a).

Neu ist als Schlafzimmermöbel ein hoher, drehbarer Standspiegel, die *Psyche*, der es erstmals erlaubte, die ganze Figur zu betrachten. Das abgebildete Exemplar ist besonders reich verziert und trägt den Stempel von Jacob-Desmalter (Abb. 102).

Bei den kleinen Abstelltischchen ist immer noch der schon im Louis XIV bekannte *guéridon* in Mode, der jetzt eine runde Platte hat, die entweder auf drei Beinen oder einer Mittelstütze sitzt (Abb. 103).

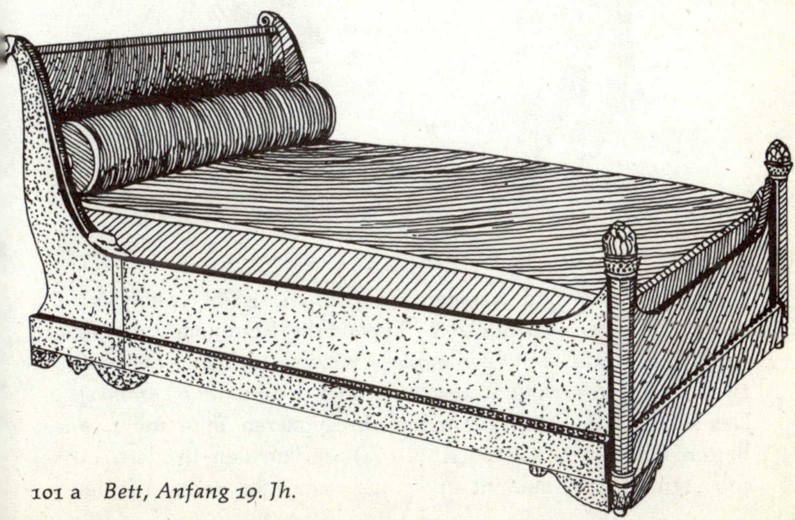

101 a *Bett, Anfang 19. Jh.*

102 *Standspiegel, »Psyche«, Jacob-Desmalter, Anfang 19. Jh.*

Die *Kommoden* sind weniger formenreich als im Louis XVI, ja, es gibt eigentlich nur zwei Typen: die Kommode mit drei oder vier Schubladen *(commode à tiroirs)* und diejenige mit zwei Türen *(commode à abattants* oder *commode à vantaux).* Das sehr schöne Mahagonimöbel des letzteren Typs mit ziselierten Bronzebeschlägen (Abb. 104) ist von den Brüdern Jacob signiert und stammt etwa aus dem Jahr 1804. Wenige

Jahre zuvor (um 1800) entstand die Schubladen-Kommode mit dem sparsamen antikisierenden Bronzedekor (Abb. 105).
Große *Schränke* sind im vornehmen Haus kaum vorhanden und wenn, dann nur in den Nebenzimmern. Von größter Beliebtheit ist dagegen der Schreibschrank, der in den verschiedensten Formen erscheint: in einfacher Schrankform, in Kommodenhöhe oder – und vor allem – als Sekretär mit Klappdeckel (Abb. 106, 107). Der Sekretär der Abb. 107 stammt von dem Pariser Ebenisten L. J. Werner, der für seine Möbel mit Vorliebe einheimische Hölzer verwendete, in diesem Fall Nußbaumwurzelfurnier. Diese Neigung zum hellen einheimischen Holz, die sich nach 1806 bemerkbar machte, hatte allerdings weniger eine ästhetische als eine politische Ursache, denn

103 *Guéridon, um 1800*

104 *Kommode, Brüder Jacob, um 1804*

105 *Kommode, um 1800*

107 *Sekretär,*
L. J. Werner, um 1815

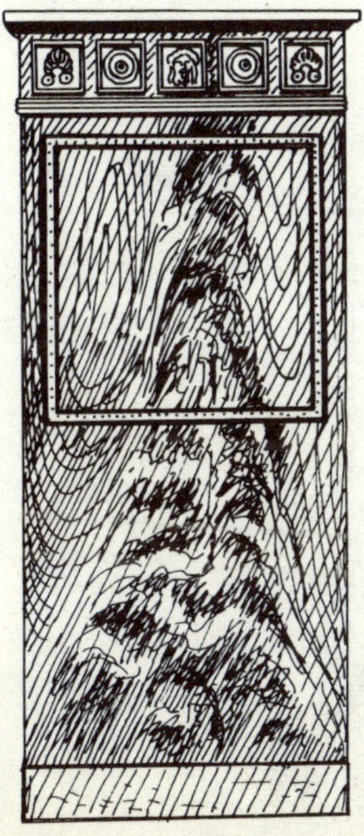

106 *Schreibschrank, Anfang 19. Jh.*

durch die Kontinentalsperre wurde die Einfuhr von Mahagoni aus den englischen Kolonien verhindert.
So sehr hatte man sich aber schon an das Mahagoniholz gewöhnt, daß man nun oft daran ging, die einheimischen Hölzer dunkel zu färben. Sogar Georges Jacob berichtet in seinen Erinnerungen von Sitzmöbeln aus Nußbaumholz, »denen Mahagoni-Farbe gegeben wurde«.
Um die Aufzählung der Möbelformen und -typen im Empire zu vervollständigen, sei noch kurz auf die größeren *Tische* hingewiesen. Aus der Antike waren nur Rundtische bekannt und so sind auch die Tische des vornehmen Hauses in der Empirezeit meist rund. Ein Tisch von einem unbekannten Meister aus Thujaholz, der etwa aus dem Jahr 1800 stammt, zeigt in seiner Ornamentik und in seiner graziösen Form noch alle Merkmale des »etruskischen Stils« (Abb. 108), während der Mahagoni-Tisch George Jacobs mit Goldbronzerelief und Marmorplatte, der nicht viel später entstanden sein dürfte, in

108 *Tisch, um 1800*

109 *Tisch, Georges Jacob, um 1800*

seiner kühlen Prunkhaftigkeit schon ganz den Geist des Empire verrät (Abb. 109).
Nicht alle Möbel, vor allem nicht die bürgerlichen, sind im Empire von dem statuarischen Pomp gekennzeichnet, wie er uns vor allem im Werk Percier-Fontaines entgegentritt. Dem »kaiserlichen« Stil dieser beiden Architekten, der dazu geeignet war, den napoleonischen Appartements die notwendige majestätische Würde zu verleihen, wurde durch andere Kräfte ein sehr viel schlichteres und wohnlicheres Empire entgegengesetzt. Zu ihnen gehört vor allem *Pierre de La Mésangère* mit seinem Vorlagenwerk »Collection des meubles et objets de goût«, das 1802 erschien und von 1803 bis 1835 auch im weit verbreiteten »Journal des Dames et des Modes« veröffentlicht wurde. Aus diesen Heften bezogen die Schreiner ihre Vorlagen, um dem Geschmack ihrer bürgerlichen Kundschaft entsprechen zu können.

Von der Restauration bis zum zweiten Kaiserreich (1815–1852)

Nach Einsetzung der konstituellen Monarchie und Thronbesteigung Ludwigs XVIII. (1814) begann die Zeit der bourbonischen »Restauration«, die bis 1830 dauerte, als der Herzog von Orléans als Louis-Philippe I. »König der Franzosen« wurde.

Der sparsame Ludwig begnügte sich damit, in den alten kaiserlichen Schlössern zu wohnen, ohne an ihrer Einrichtung etwas zu ändern. Wäre nicht die kunstliebende Herzogin Caroline de Berry gewesen, die ihr Schloß in Rosny und ihr Appartement im Pavillon de Marsan verschwenderisch ausstattete, wäre es schlecht um das Möbelhandwerk bestellt gewesen.

110 *Sessel in Gondelform, um 1820–30*

111 *Sessel in Gondelform, um 1820–30*

Dieses Handwerk hatte durch die Bestellungen des »Garde-Meuble« unter Napoleon noch einmal eine glanzvolle Zeit erlebt, denn auf sein Geheiß wurden alle königlichen Residenzen, die durch die Revolution ausgeplündert worden waren, wieder neu ausgestattet. Von Jacob-Desmalter weiß man, daß er in seinen Werkstätten im Jahr Möbel im Wert von 700 000 Francs herstellte, wovon allerdings ein Drittel exportiert wurde. Er bekam jedoch für die Einrichtung der Tuilerien allein eine halbe Million Francs!

Wenn die Fortschritte der Technik auch manche Verbesserungen und Erleichterungen mit sich brachten (die Bretter für die Möbelindustrie wurden nun durch spezielle Maschinen gesägt, die Furnierhölzer konnten präziser zugeschnitten werden), so brachte sie doch auch viele Nachteile mit sich. Vor allem begannen die Hersteller jetzt auf Profit zu arbeiten, die Arbeiten wurden schneller ausgeführt und man verwendete schlechteres Material.

Die Herzogin von Berry, Schwiegertochter Karls X., der 1824 seinem Bruder Ludwig auf dem Thron folgte, soll als erste

Dame für ihre Möbel helle Hölzer gewünscht haben. Neben dem Ahornholz, das diese Herzogin bevorzugte, begannen nun auch andere *bois clairs* in Mode zu kommen wie Eschen-, Ulmen- und Zitronenholz. Edle Hölzer wurden nur noch für die Einlagen verwendet, die jetzt wieder eine Rolle zu spielen begannen, da der kostspielige Bronzedekor kaum noch verwendet wurde.

Das Möbel der Restaurationszeit ist – auch in den Häusern des Adels – schlicht und bürgerlich und kann in mancher Hinsicht mit dem deutschen und österreichischen Biedermeiermöbel verglichen werden. An den Empire-Formen wird anfangs noch festgehalten, doch macht sich bald eine Tendenz zur Rundung vor allem der Stuhl- und Sessellehnen bemerkbar. Bei den Stuhlmöbeln sind immer noch die Gondelformen beliebt, wie die Abbildungen 110 und 111 zeigen. Die »Méridienne« (Abb. 112) gehört immer noch zu den bevorzugten Ruhemöbeln, hat nun allerdings viel von ihrer einstigen Eleganz eingebüßt.

Nach den Krönungsfeierlichkeiten Karls X., die in der alten französischen Königskathedrale Reims stattfanden, begann in Frankreich das Interesse an gotischen Formen wachzuwerden.

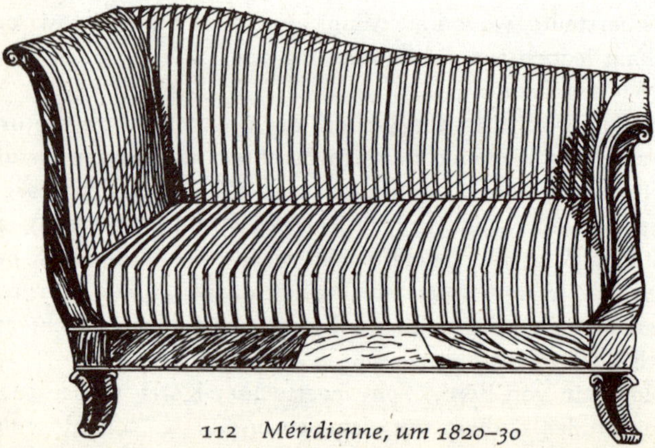

112 *Méridienne, um 1820–30*

113 *Stuhl, um 1827–30*

Diese gotisierenden Tendenzen hatten in England schon Mitte des 18. Jhs. eingesetzt und beim Möbelbau im Werk Chippendales seinen Ausdruck gefunden. Nun beginnen sich auch in Frankreich die Möbel im *style à la cathédrale* mit Spitzbögen, Zinnen und Maßwerk zu schmücken. Der Stuhl der Abb. 113 zeigt diese Neuerungen noch sehr zurückhaltend – es gibt da sehr schlimme Beispiele, die uns heute nicht mehr behagen. Diesem gotisierenden Stil, den die Franzosen auch als »Troubadourstil« bezeichnen, folgt während des »Louis-Philippe« ein Rückgriff auf Vorbilder der Renaissance. Dieser Eklektizismus machte sich auch in vielen Werken des Ornamentstichs bemerkbar, so auch bei dem Dekorateur Aimé Chenavard, in dessen Skizzenbuch vom Jahre 1836 alle Stile vertreten sind – nicht nur die Gotik und Renaissance Mitteleuropas, sondern auch arabische, chinesische und persische Stile.

Um 1840 begannen wieder dunkle Hölzer in Mode zu kommen – zuerst Mahagoni, dann auch Ebenholz, gebeizte Eiche und Birne.

Zu den Stuhlformen, die heute noch ansprechen, gehören die Beispiele mit durchkreuzten Stäben an der Rückenlehne (Abb. 114). Eine der wenigen wirklich originellen Neuerungen dieser Zeit ist der bequeme Lehnsessel mit dem Namen »Voltaire«, der manchmal zu bemerkenswert eleganter Ausprägung kam (Abb. 115). Insgesamt sind die Möbel des Louis-Philippe für das moderne Auge wenig erfreulich. Noch schlimmer wurde die Lage dann allerdings, als man sich ab 1850 auch wieder auf das Rokoko besann.

114 *Stuhl, um 1840*

115 *Armlehnstuhl, Mitte 19. Jh.*

Das zweite Empire
Stil Napoleon III (1852–1870)

War schon der Stil der Restauration im Verhältnis zum Empire vergleichsweise »weiblich«, so ist der Stil Napoleon III ganz und gar feminin. Noch nie zuvor hatten Drapierungen eine so beherrschende Rolle gespielt wie jetzt, und noch nie zuvor machte der Polsterer dem Kunstschreiner seinen Rang als erster Möbelkünstler streitig. Wie es in einem vornehmen Raum der Jahrhundertmitte aussah, beschreibt eine zeitgenössische Beobachterin, Madame de Girardin: »Die Kamine haben samtene Verkleidungen mit Goldfransen, die Fauteuils haben Spitzenüberzüge, die Wandtäfelungen sind verborgen unter wunderbaren Stoffen, gestickt, durchwirkt, mit Gold- und Silberfäden durchzogen . . . Die Vorhänge sind phantastisch schön; man hängt sie doppelt und dreifach und man hängt sie überallhin. Eine Türe verbirgt man hinter einem Vorhang, einen Bücherschrank bedeckt man auch mit einem Vorhang, oft gibt es acht oder neun Vorhänge in einem einzigen Zimmer.«

116 *Kanapee, drittes Viertel 19. Jh.*

Um 1850 begann man sich im »Neo-Rokoko« einzurichten, ab 1865 dann im »Louis XVI«-Stil, da die Kaiserin Eugenie eine große Vorliebe für alles hatte, was mit Marie-Antoinette zusammenhing. Mit der Jahrhundertwende setzte sich dann auch wieder das dunkle Lackmöbel durch – wohl eine Folge der damals auch in England herrschenden Lackmode.

Bei all diesen historisierenden Bemühungen gab es wenigstens hinsichtlich der Möbeltypen einige echte Neuheiten: der *»Crapaud«* (Kröte), ein niederer Lehnsessel mit gewölbter Rückenlehne, *»La borne«* (Meilenstein), ein kreisförmiges Kanapee mit Mittellehne in der Form eines Meilensteins, *»Pouffe«*, ein großer Hocker und *»L'indiscret à trois places«*, ein Polstermöbel mit drei Sitzen (Abb. 116). In den meisten Fällen sind die Sessel vollkommen mit Stoff überzogen, so daß man das Rahmenholz nicht mehr sieht. Ein »Crapaud«, der mit durchwirktem Seidengewebe überzogen ist (Abb. 117), beweist, wie weitgehend die Möbeleinrichtung nun eine Sache des Polsterers war.

So weitgehend hatte man sich im Zweiten Kaiserreich an das Nebeneinander der Stile gewöhnt, daß es nun im vornehmen Haus Sitte war, jeden Raum in einem anderen Stil einzurichten: im Salon war Boulle oder Rokoko üblich, im Speisezimmer Henri II, in der Bibliothek strenger Palisanderstil und im Schlafzimmer und Boudoir herrschte das weiche, runde Polstermöbel.

117 *Kleiner Lehnsessel, drittes Viertel 19. Jh.*

Art Nouveau

Der Eklektizismus – der Stilmischmasch aus Formen der Gotik, Renaissance, des Louis XV, Louis XVI und Empire – hatte um 1880 seinen Höhepunkt erreicht. In der Mitte der achtziger Jahre deutete sich endlich eine neue Entwicklung an. Eine Reihe von Künstlern und Kunsthandwerkern unter Führung des Glaskünstlers *Emile Gallé* aus Nancy forderten, »die Imitation alter Stilrichtungen zugunsten eines neuen Prinzips abzulehnen – nämlich dem der wissenschaftlichen Beobachtung lebender Modelle«.

Emile Gallé (1846-1904)

Bei einer Reise nach London, 1872, wo er vor allem die Technik des orientalischen Glases studierte, erhielt Gallé ornamentale Anregungen, die er nicht nur bei der Gestaltung seiner Gläser, sondern auch für seine Möbelentwürfe verwertete. Eines der frühesten Möbel Gallés, ein »Cabinet« aus dem Jahr 1886, zeigt im Möbelkörper zwar noch deutliche Anlehnungen an das Rokoko und die Renaissance, doch weisen die schwungvollen Intarsien (Pflanzen und Insekten) schon auf Entwicklungen hin, die für den französischen Jugendstil, den »Art Nouveau« charakteristisch wurden (Abb. 118). Gallé hatte eine besondere Vorliebe für Intarsien und setzte sie in ähnlicher Weise ein wie den Schnitt- und Ätzdekor seiner Gläser. Er schuf sogenannte »meubles parlantes«, also »sprechende« Möbel mit Einlagen in der Form von Gedichten, Sprichwörtern und anderen Inschriften – vielleicht auch dies eine Anregung aus der ostasiatischen Kunst, wo Bild und Schrift nebeneinanderstehen.

Bedeutender als Gallé selbst, der vor allem als Glaskünstler in Erscheinung trat, war jedoch auf dem Gebiet des Möbel-Design sein Freund *Louis Majorelle.*

118 *Cabinet, Emile Gallé, 1886*

Louis Majorelle (1859-1926)

Majorelle war der Sohn eines Kunsttischlers, der sich in seiner Werkstatt in Nancy auf die Nachahmung von Möbeln und Fayencen des 18. Jahrhunderts spezialisiert hatte. Nach einem Studium der Malerei an der Pariser Ecole des Beaux-Arts und dem Tod seines Vaters übernahm Louis Majorelle 1879 dessen Werkstatt. Erst gegen 1890, als er unter den Einfluß Gallés geraten war, begann er sich für den neuen Stil zu interessieren. 1900, bei der Pariser Weltausstellung, war er jedoch bereits der bekannteste und gefragteste Hersteller von Möbelgarnituren im Stil des Art Nouveau. Als geschickter Kaufmann sah er die Möglichkeit, durch ein breites Angebot zu günstigen Preisen vor allem den Mittelstand zu interessieren. Er baute seine Werkstatt zu einer kleinen Fabrik aus, mit gesonderten

119

Tischchen, L. Majorelle, um 1900

120 *Stuhl, L. Majorelle, um 1898*

Abteilungen für die mechanische Bearbeitung des Holzes, die Tischlerarbeiten, Skulpturen, Bronzen und Marketeriearbeiten. In seinen Musterkatalogen, die zwischen 1900 und 1914 erschienen, wurden Garnituren für Speisezimmer, Salons, Herrenzimmer und Schlafzimmer aufgeführt, die einen verhältnismäßig schlichten und maßvollen Jugendstil vertraten. Im Vergleich zu Gallé trat der Anteil der Marketerie zurück, doch legte Majorelle größten Wert auf die Wirkung des Holzes und seiner Maserung, vor allem aber auf die natürliche Eleganz der Formen. Seine Vorstellungen waren weniger poetisch als die Gallés, der den Sinn der Dekoration »in dem bewußten Gegensatz zwischen der Fertigung greifbarer Gegenstände und den Visionen gewisser letzter Dinge« sah, »jener fernen Dinge, die man sich wünscht und die man erraten muß«. Was Majorelle will, klingt realistischer: »Das Wichtigste bei der Konzeption eines Möbelstückes ist die Suche nach einer in sich gesunden Struktur, die in dem Beschauer das Gefühl von Harmonie erweckt und deren wesentliche Elemente auch vom architektonischen Standpunkt aus in eleganten Proportionen zueinander stehen. Ganz gleich, welche Funktion ein Möbelstück erfüllen soll: seine Formen müssen auch ohne weitere Verzierungen bestehen können ... Die Vollkommenheit eines Möbelstücks sollte nicht durch überflüssige Dekorationen und Ornamente vorgetäuscht werden, sondern allein in seinen eleganten Linien und gefälligen Proportionen bestehen.«

Zwei Möbel Majorelles im Besitz des Frankfurter Museums für Kunsthandwerk beweisen sehr schön diese »eleganten Linien und gefälligen Proportionen« – ein Stuhl und ein Tischchen, die beide um die Jahrhundertwende entstanden (Abb. 119 und 120).

Eugène Gaillard

Im gleichen Museum befindet sich ein Stuhl eines weiteren bedeutenden französischen Möbeldesigners des Art Nouveau, *Eugène Gaillard* (Abb. 121). Während Majorelle jedoch zu dem Kreis Gallés der »Schule von Nancy« gehört, ist Gaillard dem Künstlerkreis zugehörig, der sich in Paris um den Kunsthändler Samuel Bing (1838–1905) scharte.

Bing, der aus Hamburg stammte, eröffnete 1895 in Paris seine »Maison de l'Art Nouveau« – das Geschäft, das bald zu Weltruf kam und der gesamten neuen Stilrichtung seinen Namen gab. Bing bot dort, in der Rue de Provence, Arbeiten führender Maler und Kunsthandwerker an, wie Bonnard, Toulouse-Lautrec, Vuillard, Munch, Tiffany, Gaillard, de Feure, Colonna. Gaillard, der auf Möbel-Design spezialisiert war, entwarf für Bing die Ausstattung seines Pavillons bei der Pariser Weltausstellung von 1900. Seine Arbeiten sind einfacher und strenger als die verspielteren der Schule von Nancy und können uns heute noch ebenso begeistern wie die formal verwandten Arbeiten van de Veldes.

121 *Stuhl, L. Gaillard, 1899/1900*

Hector Guimard (1867-1942)

Wohl der eigenwilligste Möbel-Designer des Art Nouveau war der Architekt *Hector Guimard,* der durch seine Entwürfe für die Eingänge der Pariser Métro (1899–1904) der Allgemeinheit bekannt wurde. Für Guimard, der sich nicht als Innenausstatter, sondern als »Schöpfer einer Umwelt« sah, war die gesamte Ausstattung eines Hauses Teil einer plastischen Einheit. Seine Möbel wirken merkwürdig plastiziert und man sieht ihnen an, daß er die Entwürfe in Ton modellierte. Ein Zeitgenosse, Gustave Soulier, hat seinen Schaffensprozeß folgendermaßen charakterisiert: »Er wird durch die unterschwelligen Bewegungen, den schöpferischen Prozeß in der Natur inspiriert, der uns in all seinen zahllosen Ausdrucksformen doch nur ein einziges Prinzip enthüllt, und Guimard verarbeitet dieses Prinzip in der Gestaltung seiner ornamentalen Konturen. Seine Blütenformen, die Florets, sind keine exakten Abbildungen irgendwelcher spezieller Blumen. Es ist eine Kunstform, die das tatsächlich Natürliche zugleich stilisiert und verherrlicht; die Natur wird vergeistigt. Wir erleben die Geburt der Quintessenz der Blume schlechthin.«

Georges de Feure (1868-1928)

Sehr elegant, wenn auch weniger originell sind die Möbel von *Georges de Feure,* der auch für Bing tätig war. Eine gepolsterte Bank im Besitz des Hessischen Landesmuseums Darm-

122 *Bank, G. de Feure, vor 1900*

stadt (Abb. 122), die noch vor 1900 entstand, unterstreicht in ihrer graziösen Gefälligkeit die Bedeutung de Feures als »sensibelstem und femininstem aller Formgestalter des Fin de Siècle«.
Zu den »Inkunabeln« des Jugendstilmöbels gehört das Toilettentischchen der Pariser Firma Diehl, das 1878 datiert ist (Abb. 122 a). Da Gallé erst in den achtziger Jahren Möbel des neuen Stils entwarf, ist diese Arbeit aus dem Besitz des Frankfurter Museums für Kunsthandwerk ein bemerkenswerter Vorläufer.

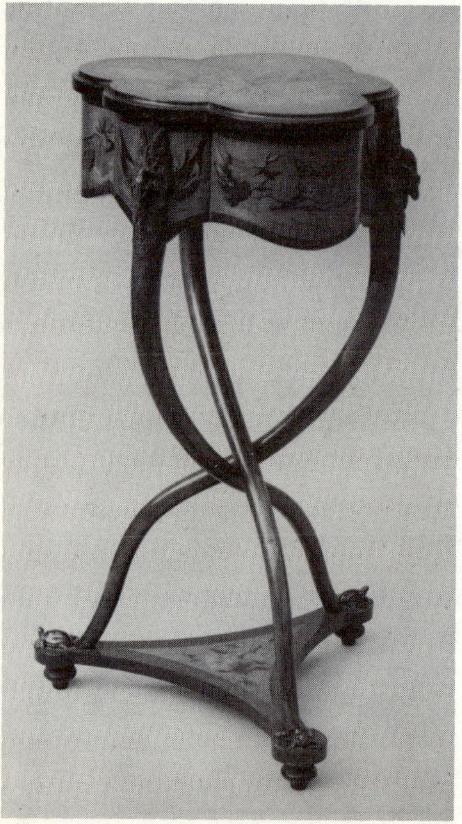

122 a

Toilettentischchen, 1878, Diehl, Paris

Die Möbel der Provinz

Bisher wurden fast ausschließlich die französischen (vor allem Pariser) Möbel des Hofes, des Hochadels und des reichen Bürgertums besprochen, deren Meister bei der Stilentwicklung die maßgebliche Rolle spielten. Diese Möbel, die in den meisten Fällen Repräsentationszwecken dienten, waren immer reich verziert (Marketerie, Lack, Vergoldung, Bronzedekor etc.) oder mit kostbaren Hölzern furniert. Das Möbel des mittleren Bürgertums in den Provinzstädten war dagegen bedeutend schlichter.

In der Provinz hielt man noch bis weit ins 17. Jahrhundert hinein am geschnitzten Renaissancedekor und den schweren Renaissanceformen fest und die Truhe – das Hauptmöbel des Mittelalters – blieb bis Ende des Jahrhunderts in Gebrauch, manchmal sogar bis ins 19. Jahrhundert hinein.

Das Hauptmöbel ist der große Schrank, der immer mit Schnitzdekor versehen ist, seltener mit Intarsien. Das Massivholz-Möbel (vor allem Nußbaum und Eiche) herrscht vor, das furnierte Möbel spielt eine untergeordnete Rolle. Marketerie war im 18. und 19. Jahrhundert auch in der Provinz in Mode, doch blieb sie immer zurückhaltend und war weniger glanzvoll als beim Möbel der Hofkreise.

Die einzelnen Landschaften entwickelten einen unterschiedlichen Schnitzdekor, bisweilen auch spezifische Möbeltypen.

Das Elsaß

Das Kunsthandwerk des Elsaß ist im Norden – mit den Städten Straßburg, Molsheim, Hagenau – stärker von Deutschland beeinflußt, im Süden dagegen – mit den Städten Colmar,

124 *Schrank, Straßburg, 1770–80*

123

Brettschemel, Elsaß, zweite Hälfte 17. Jh.

125 *Buffet, Straßburg, um 1770*

Mühlhausen, Thann – von Burgund und auch von Italien, da Kardinal Mazarin die Einwanderung italienischer Kunsthandwerker begünstigte. Bis zum Westfälischen Frieden (1648) war das Elsaß zum größten Teil in Habsburger Besitz, fiel dann an Frankreich, doch wurde Straßburg erst 1681 französisch.
Die schweren Kastenmöbel – Schrank, Kredenz und Büfett – folgten bis Ende des 17. Jahrhunderts dem architektonischen

126 *Eckschrank, Elsaß, Ende 18. Jh.*

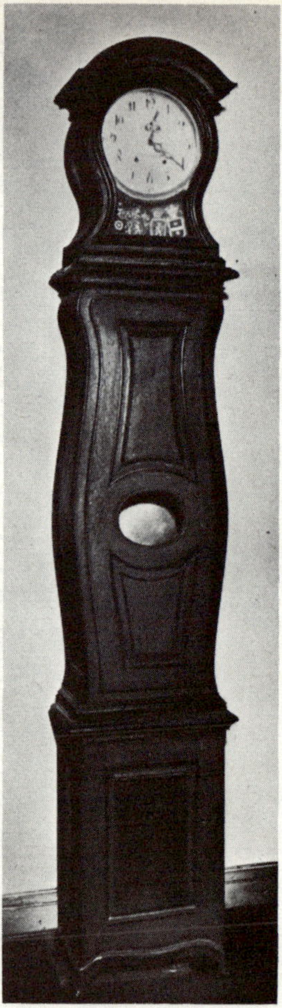

127 *Standuhr, um 1780, Straßburg*

Renaissanceschema. Eine Eigenart des Elsaß war der Brettschemel mit reich ornamental geschnitzter Rückenlehne – ein Typ, der dem italienischen Sgabello der Renaissance nachgestaltet war (Abb. 123). Der große Schrank und das Buffet des Rokoko und des Louis XVI ist mit großzügigen Rahmenprofilen versehen, während der ornamentale Schnitzdekor im Verhältnis etwa zu Lothringen zurückhaltend ist (Abb. 124, 125). Neben Eckmöbeln (Encoignure), die im Unterbau schrankförmig ausgestaltet sind, im Oberbau Regale aufweisen, fallen vor allem die hohen, würdigen und bisweilen eleganten Standuhren auf (Abb. 126, 127). Die Straßburger Kommode vom Ende des 18. Jhs. (Abb. 128) beweist, wie rustikal Marketerien selbst bei einem eleganten Möbelkörper wirken können.

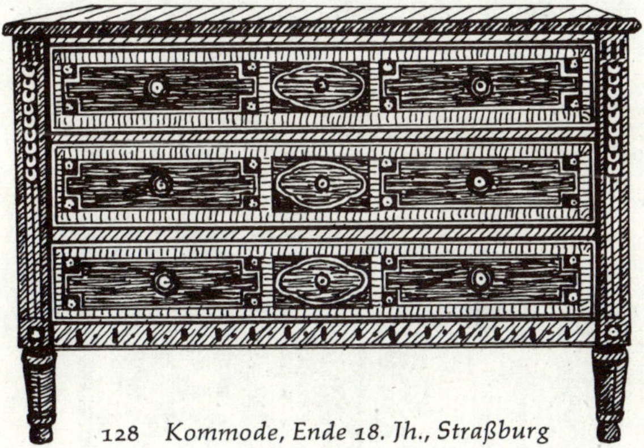

128 *Kommode, Ende 18. Jh., Straßburg*

Lothringen

Trotz alter Handelsverbindungen sind die beiden Nachbarländer Elsaß und Lothringen in ihrer Kultur deutlich voneinander unterschieden. Im Gegensatz zum Elsaß, das sich gebietsweise mehr nach Deutschland hin orientierte, griff man in Lothringen vor allem französische Stilanregungen auf und verarbeitete sie in einer maßvollen und großzügigen Weise.
Die Hauptzentren der Möbelfabrikation waren Nancy, Lunéville und Epinal. Das wichtigste Material für die großen Möbel war Eiche und Kirsche, Ende des 18. Jhs. vor allem Nußbaum.

129 *Buffet, Lothringen, Anfang 19. Jh.*

Das Hauptmöbel Lothringens ist das Buffet mit Geschirregal *(buffet-vaisselier)*, das zwei-, drei- oder sogar viertürig sein kann und einen geraden Abschluß hat (Abb. 129).

Beim zweigeschossigen Buffet *(buffet à deux corps)* des 18. Jahrhunderts ist das Oberteil zurückgesetzt, das Unterteil ruht auf volutenförmigen oder stark geschweiften Füßen (Abb. 130).

130 *Buffet, Lothringen, Anfang 19. Jh.*

131 *Truhe, Lothringen, Mitte 19. Jh.*

Trotz des Gebrauchs der verschiedenartigsten Schränke ist in Lothringen die Truhe nie ganz verdrängt worden und wurde selbst im bürgerlichen Haushalt noch im 19. Jahrhundert verwendet (Abb. 131).

Besonders schön und reich dekoriert ist der große Lothringer Schrank. Die Fassade ist durch Rahmenprofile eingeteilt, im Sockelgeschoß sitzen rechteckige Schubladen, in den Feldern

132 *Schrank, Lothringen, 1808*

133 *Schrank, Lothringen, Anfang 19. Jh.*

134 *Standuhr, Lothringen (rechts)*

135 *Schrank, Lothringen, um 1760*

bilden sich oft runde oder ovale Zentren – im Gegensatz zum Elsaß, für das die schräg gestellte Oval- oder Nierenform typisch ist. Hin und wieder trifft man auch die Verbindung von geschnitztem Massivholz und Marketerie an (Abb. 132, 133, 135).
Schubladen und Leisten sind oft mit geschnitztem Blumen- und Rankenwerk versehen, das zu den Charakteristika des Lothringer Möbels überhaupt gehört. Dies zeigt auch die schöne Standuhr der Abb. 134.

Die Champagne

Das Hauptmöbel dieser französischen Landschaft, die im Westen an Lothringen anschließt, ist der *mènager:* ein halbhohes Buffet mit Geschirraufsatz (Abb. 137). Noch gefragter als dieses sehr gewichtige Möbel ist im Kunsthandel jedoch das niedrige Buffet mit zwei Türen, wie es Abb. 136 zeigt.

136 *Buffet, 18. Jh., Champagne*

137 *Buffet mit Geschirraufsatz, Champagne, 18. Jh.*

Truhen wurden – im Gegensatz zu Lothringen – in der Champagne fast vollständig vom großen Schrank verdrängt. Diese Schränke sind besonders im Louis XV sehr elegant in der Form und im Dekor nobel und zurückhaltend (Abb. 138). Hier macht sich deutlich der Einfluß der Ile-de-France bemerkbar.
Das Hauptmaterial ist die Eiche, bei Kleinmöbeln im 19. Jahrhundert auch Nußbaum und Kirsche. Der Schnitzdekor ist meist fein und anmutig, durchaus »französisch« und niemals überladen. Allerdings ist er weniger ausdrucksvoll als in Lothringen, wo er dafür aber rustikaler wirkt.

138 *Schrank, Régence, Champagne*

139 *Truhenschrank, Flandres, 17. Jh.*

Flandres, Artois und Picardie

Diese drei Landschaften im Süden Belgiens sind einerseits von der alten flämischen Kultur beeinflußt, andererseits von der Kultur der Ile-de-France. Vor allem die flämische Renaissance hat hier ihre Spuren hinterlassen, wie es an dem von Schnitzdekor beladenen Truhenschrank der Abb. 139 abzulesen ist. Diese schweren Kastenmöbel mit dem Namen *Rilbant* sind charakteristisch für die Provinz Flandres.

140 *Buffet, Picardie, 18. Jh.*

Hauptmöbel der Picardie ist die *traite* oder *dresche,* ein niedriges Buffet mit vier, fünf, sechs oder sogar acht Türen und einer Schubladenreihe in der Mitte. Diese prachtvollen Möbel (Abb. 140) haben oft einen schönen, harmonisch verteilten Schnitzdekor (Blumen und Ranken), der an lothringische Motive erinnert. Eine einfachere, zweitürige *traite* der Picardie zeigt die Abb. 141.

141 *Buffet, Picardie, 18. Jh.*

Ile-de-France

Die unmittelbare Nähe von Paris macht sich im »Herzen Frankreichs«, der Ile-de-France, deutlich bemerkbar. Hier ist auch das bürgerliche Möbel immer vornehm und elegant und zeugt vom Einfluß der großen Pariser Ebenisten, denen die *menuisiers* der Pariser Randgebiete manches abgesehen haben. Naive, rustikale Möbel und Dekore sind in der Ile-de-France so gut wie gar nicht zu finden. Selbst ein schlichter Empireschrank zeigt noble Eleganz, der Schnitzdekor eines Massivholzmöbels zarteste Anmut (Abb. 142).

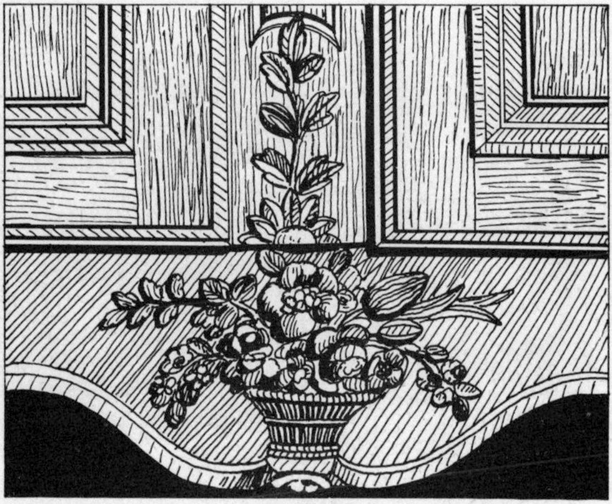

142 *Schnitzdekor, Ile-de-France, 18. Jh.*

Normandie

Dank ihres fruchtbaren Bodens und der günstigen Handelsverbindungen, die von den Hafenstädten nach Paris führten, war die Normandie schon in sehr früher Zeit eine der reichsten Provinzen Frankreichs. Die Ausstattung der Herrenhäu-

143 *Schrank, 1783, Normandie*

144 *Schrank, Louis-Seize, Normandie*

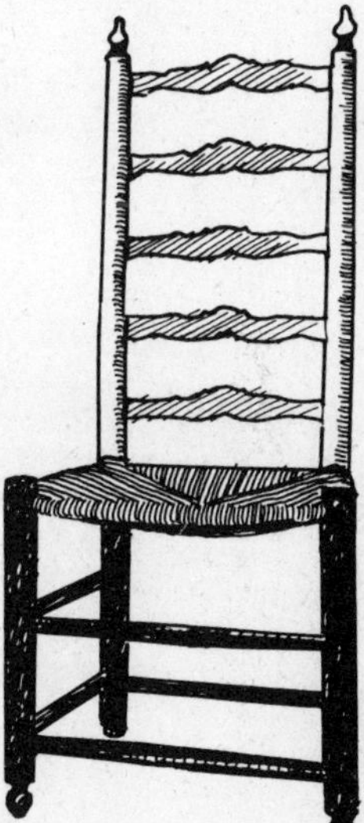

146 *Stuhl, 18. Jh., Normandie*

145 *Standuhr, Louis-Seize, Normandie*

ser, vornehmen Bürgerhäuser und selbst der Bauernhäuser, wie sie heute in den Museen von Rouen, Louviers oder Vieux Honfleur zu sehen ist, gibt ein Zeugnis des Wohlstands der Menschen dieser Landschaft.
Der Schnitzdekor der Schränke, Standuhren, Buffets und Kommoden ist außerordentlich reich, fein und anmutig und beweist, daß hier hervorragende Kunstschreiner am Werk wa-

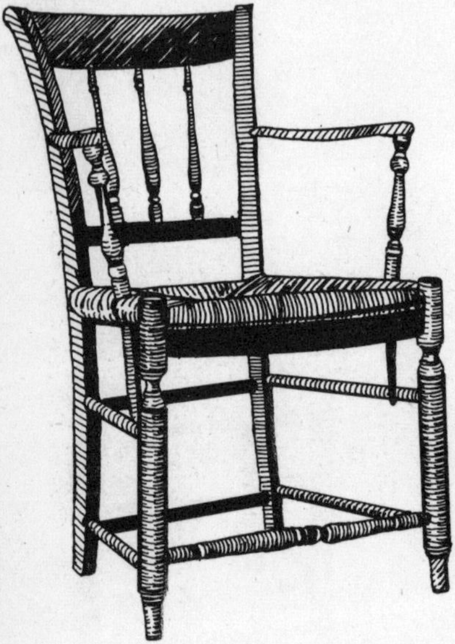

147 *Armlehnstuhl, 18. Jh., Normandie*

ren. Natürlich sind die Möbel des reichen Bürgertums üppiger mit Schnitzdekor versehen als die der Landbevölkerung, doch beweisen manche Schränke aus Bauernhäusern, daß hier weniger gespart werden mußte, als in anderen Gegenden. Deutlich rustikaler als die Möbel der Gebiete, die an die Ile-de-France angrenzen, sind diejenigen der »Basse Normandie«.
Hauptmöbel der Normandie ist der große Schrank. Im Louis XIII ist der Schnitzdekor noch schwer und geometrisch, und erst im Louis XV treffen wir die Schränke an, die heute im

Kunsthandel so begehrt sind: reich mit vegetabilem und figürlichem Dekor überzogen, teils in flachem Relief, teils aber auch vollplastisch ausgebildet. Diese vollplastischen Motive – Blumenkörbe, schnäbelnde Tauben etc. – erscheinen meist als Zentralmotiv über den Schranktüren (Abb. 143–144).
Nicht weniger reich verziert sind die hohen, schmalen Standuhren, die manchmal violinenförmig ausgestaltet sind (Abb.

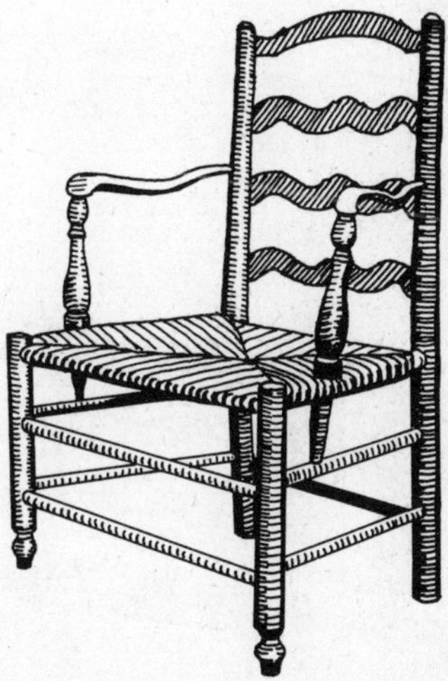

148 *Armlehnstuhl, 18. Jh., Normandie*

145). Charakteristisch für das Gebiet um Cauc ist die *bonnetière,* ein kleiner eintüriger Schrank, der zur Aufbewahrung von Hauben und Halstüchern diente.
Buffets, Geschirrschränke und Kommoden unterscheiden sich nur durch die Dichte und Feinheit des Dekors von denen der übrigen französischen Provinzen. Die einfachen Stühle mit Strohgeflecht haben kaum typische Merkmale und sind in ähnlicher Form in ganz Frankreich anzutreffen (Abb. 146–148).

Die Bretagne

Das Kunsthandwerk ist im östlichen Teil der Bretagne von den angrenzenden Gebieten der Normandie, der Maine und des Anjou beeinflußt, während es in den Küstengebieten autark blieb und weiter die traditionellen Motive der Romantik und Gotik verarbeitete.

149 *Schrank, Bretagne*

150 *Schrank, Bretagne*

Selbst im 16. Jh. finden wir an manchen Möbeln noch keltische Band- und Spiralmotive. Diese verschlungenen Ornamente sind auch an Schränken zu finden, doch ist der charakteristische bürgerliche Schrank der Küstengebiete meist mit geometrischen Motiven versehen, im Innern des Landes – etwa in der Gegend von Rennes – mit reichem Rokoko-Rankenwerk

(Abb. 149, 150). Keltische Fischblasenmotive, gotisierendes Maßwerk innerhalb eines Renaissanceaufbaus finden wir selbst noch in der zweiten Hälfte des 18. Jhs. in einem reichdekorierten *amoire-buffet* (Buffetschrank, Abb. 151).

151 *Buffetschrank, 18. Jh., Bretagne*

152 *Buffetschrank, Louis-Seize, Vendée*

Die Vendée

Das Möbel der Vendée – die Landschaft, die im Süden an die Bretagne anschließt – ist gekennzeichnet von strenger, nüchterner Eleganz. Deutlicher als in anderen Gebieten ist das bürgerliche Möbel hier vom bäuerlichen unterschieden. Ein Charakteristikum der Vendée-Möbel sind die besonders reichen, bandwerkartigen Metallbeschläge (Abb. 152). Dagegen ist der Schnitzdekor sehr sparsam und oft ist der gesamte Dekor nur auf die rahmenden Profile beschränkt (Abb. 153, 154).

153 *Schrank, Louis-Quinze, Vendée*

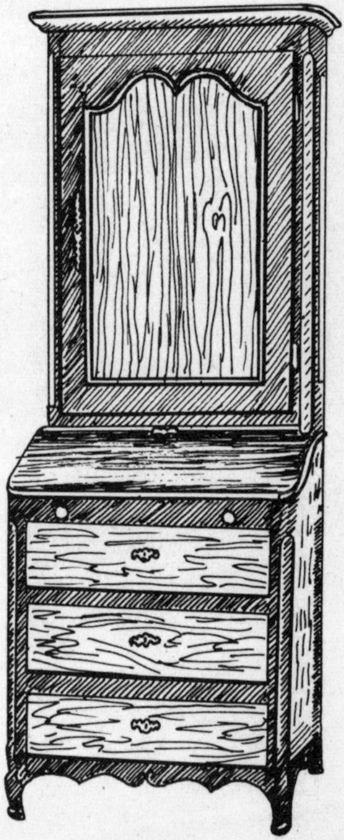

154 *Schreibschrank, Louis-Quinze, Vendée*

155 *Schrank, Loire-Tal, Louis-Treize*

Loire-Tal, Berry und Nivernais

Die königlichen Schlösser im Tal der Loire hatten auf das Kunsthandwerk dieses Gebietes einen ähnlichen Einfluß wie Paris auf die Ile-de-France. Selbst nachdem Heinrich IV. Blois zugunsten von Fontainebleau aufgegeben hatte, wurden die Loire-Schlösser nie ganz vernachlässigt. Ludwig XIV. besuchte Chambord hin und wieder und Mme. de Pompadour ließ – auf der Suche nach frischer Luft und ländlichem Leben – Schloß Ménars bauen.

Die Möbel der Ile-de-France und des Loire-Tals unterscheiden sich von den Möbeln aller anderen französischen Provinzen durch ihre besonders sorgfältige Verarbeitung. Neben schönen Louis XIII-Kastenmöbeln im Dekor *à pointes de diamant* (Abb. 155) finden wir harmonisch geschwungene Louis XV-Kommoden aus Massivholz, die trotz rustikaler Grundtendenz auf große Vorbilder hinweisen. Directoire-Stühle aus Nußholz sind trotz ihres provinziellen Strohgeflechts im Schwung der Lehnen voll vornehmer Eleganz (Abb. 156).

156 *Stuhl, Directoire, Loire-Tal*

Die Franche-Comté

In dieser Provinz, vor allem in der Gegend von Montbéliard, hat man noch lange am Dekor der Renaissance und des Louis XIII festgehalten, während die Stile Louis XIV, Louis XV und Louis XVI mit Verspätung Einzug hielten.

Das bemerkenswerteste Möbel ist der große Schrank, dessen Front und Seiten in Mosaikarbeit aus kontrastierenden Obstbaumhölzern ausgeführt sind oder mit Einlagen aus Obstbaumholz auf Nußbaumholz.

Im Jura trifft man vielfach das zweiteilige Buffet *(buffet à deux corps)* in der Art der lothringischen Arbeiten an, während im Gebiet der Haute-Sâone der Einfluß der Champagne nicht zu übersehen ist.

Die Kredenz mit eingebauter Uhr *(crèdence à horloge)*, die ursprünglich aus der Bresse stammt, ist auch im Haut-Savoie anzutreffen, von wo aus sie nach Lothringen und in die Vogesen kam.

Die Geschirrbuffets *(buffet-vaisselier)* erscheinen in verschiedener Form, sind meist aus Eiche gemacht und können oft einen schweizerischen oder württembergischen Einfluß nicht verleugnen.

Das Möbel des Transition-Stils hat in N. A. Couleru einen hervorragenden Ebenisten – einen der besten französischen Ebenisten der Provinz überhaupt (Abb. 157).

157 *Kommode, N. A. Couteru*

Herausragende Gestalt in der Möbelkunst Burgunds ist der Architekt und Holzbildhauer *Hugues Sambin* (um 1515 bis um 1601), der 1549 in Dijon Meister wurde. Seine mit ornamentalem und figürlichem Schnitzwerk üppig ausgestatteten Mö-

158 *Schrank, Louis-Treize, Burgund*

159 *Schrank, Louis-Quinze, Burgund*

bel (Abb. 7), besonders aber sein theoretisches »Œuvre de la diversité des termes« waren von größtem Einfluß auf das südfranzösische Möbel der Spätrenaissance.

Ein zweiter bedeutender Möbelkünstler Burgunds ist *Jean Dumoulin* (1715–1798), der zunächst in Paris arbeitete, später aber in Dijon Ebenist des Prinzen von Condé wurde. Seine kostbaren Möbel sind oft mit Koromandellack-Dekor ausgestattet.

Bevorzugtes Holz der Gegend um Dijon war beim bürgerlichen Möbel Eiche und Nußbaum, in Südburgund dagegen Obstbaum und Esche.

Bei den Schränken trifft man noch sehr lange den geometrischen Renaissance-Dekor *à pointe de diamant* an, wie ihn das

160 *Buffet, Bresse, Directoire*

schöne Louis XIII-Exemplar der Abb. 158 zeigt. Für die Schränke des 18. Jhs. ist die gemeinsame Verwendung von Eschenholz und kontrastierendem Obstbaumholz charakteristisch (Abb. 159).

Niedrige Buffets, wie sie an der Grenze zur Champagne sehr verbreitet waren, kamen weder in der Gegend von Dijon noch in der Bresse vor. Dagegen ist das *Buffet à deux corps* (Buffet mit Aufsatz) in ganz Burgund vertreten. Typisch für die Bresse ist das Buffet mit eingebauter Uhr (Abb. 160), das im Unterbau drei bis vier Türen und einige Schubladen aufweist.

Die Stühle haben meist Sitze aus Strohgeflecht, wie das hübsche Beispiel aus dem Directoire, dessen durchbrochene Lehne mit einem antiken Vasenmotiv geschmückt ist (Abb. 161).

Besonders vielfältig sind die Standuhren, die in der Bresse oft violinförmig ausgebildet sind.

161 *Buffet, Bresse, 18. Jh.*

Die Auvergne

Diese wilde und malerische Landschaft ist mit reichen Beständen an Nußbäumen und Eßkastanienbäumen ausgestattet. Die Eiche ist hier nie recht heimisch geworden und wurde nur im Mittelalter zu Truhen verarbeitet. Für die größeren Möbel

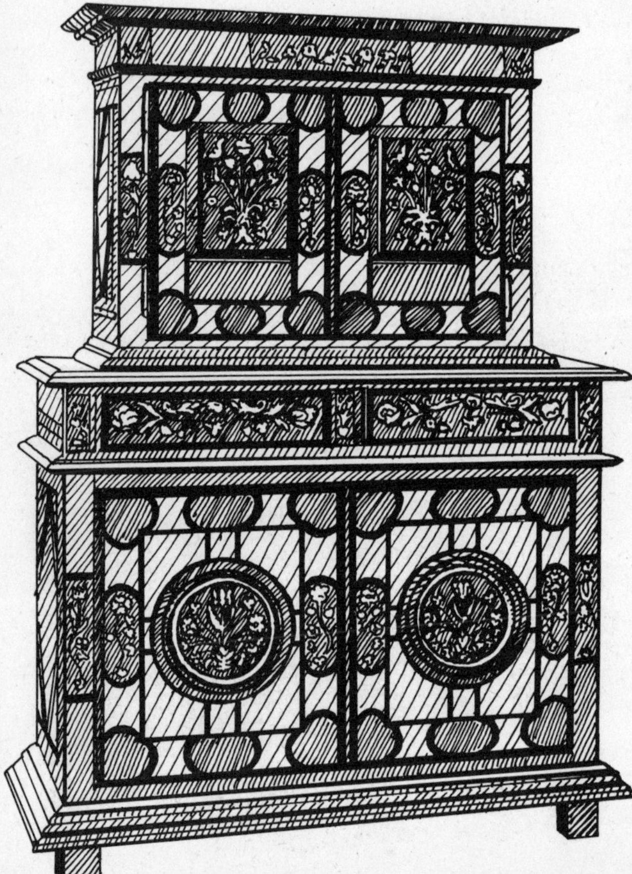

162 *Kabinettschrank, 17. Jh., Auvergne*

wurde meist Kirschbaumholz – auch Wildkirsche – verwendet, für die Stühle Buchenholz und für das weitere Mobiliar Linden- und Eschenholz.
Die große Zeit im Möbelhandwerk hatte die Auvergne im 17. Jh., als man dort Kabinettschränke mit Marketerie aus verschiedenen Hölzern machte (Abb. 162).
Der Stil Louis XV ist in dieser Gegend nie sehr gut verstanden worden und hat oft zu wenig harmonischen Dekors geführt.
Der große Schrank ist weniger verbreitet als in anderen Landschaften Frankreichs und das Buffet mit Aufsatz und vier Türen ist ein sehr schwergewichtiges, wenig reizvolles Möbel.

Lyonnais, Savoie und Dauphiné

In Lyon hatte einer der bekanntesten Menuisiers des 18. Jhs. seine Werkstatt, *Pierre Nogaret* (1720–71), der auf geschnitzte Möbel aus Buchenholz spezialisiert war. Die Schnitzerei in Massivholz hat in Lyon und dem Lyonnais eine lange Tradi-

163 *Pultschreibtisch, Louis-Seize, Lyon*

tion, und gerade in dieser französischen Landschaft finden wir wunderbare Möbel mit feinem Schnitzdekor.
Lyon hat seit dem 16. Jh. viele gute Kräfte an sich gezogen, doch war es mehr eine Stadt der Fayencen und der Seidenweberei als des Möbelhandwerks.
Häufiger als in anderen Provinzen finden wir in Lyon und Umgebung ausgezeichnete Kommoden und reizvolle Pultschreibtische aus Nußbaum- und Obstbaumholz (Abb. 163) und edel geformte Tische (Abb. 164).
Das Möbel der Landschaft Savoie ist im allgemeinen rustikal und handwerklich oft primitiv, doch finden wir aus bürgerlichem Gebrauch auch sorgfältiger verarbeitete Kredenzen, Buffets und Schränke.
Die Dauphiné ist in ihrer Möbelkunst vom Rhonetal kaum zu unterscheiden, und so finden wir hier Formen und Dekors des Languedoc, aber auch der Provence.
Grenoble kann sich im 18. Jh. eines tüchtigen Möbelhandwerks rühmen. Hier war die Heimat der Kunstschreinerdynastie *Hache,* deren bedeutendster Vertreter Jean-François war, der Ebenist von Louis-Philippe d'Orléans. Auch Ètienne *Escoffier* war hier zu Hause, ein Meister des Régence-Möbels, ebenso *Bailley* und *Guillat,* die im französischen Möbelhandwerk des 18. Jhs. gute Namen haben.

164 *Spieltisch, Louis-Quinze, Lyon*

165 *Buffet à glissants, Provence, Ende 18. Jh.*

Die Provence

Wie kaum eine andere Provinz hat sich die Provence immer vor fremden Einflüssen bewahrt und ist in ihrem Möbelstil sehr einheitlich.

Das bevorzugte Material zum Möbelbau war der Nußbaum. Ähnlich wie in der Vendée sind die Schränke mit langen, reich ausgeschmückten Metallbeschlägen versehen. Der Schnitzdekor ist meist sehr fein und anmutig, an der Grenze zum Languedoc derber und schwerer. Neben einheimischen Pflanzen finden wir als Motive die klassischen Akanthusblätter, Rosetten und Eierstäbe.

An Möbelarten fehlt nichts – von der einfachen Truhe über das Buffet zum großen Schrank. Es gibt jedoch zwei Möbel, die für die Provence charakteristisch sind und nur hier vorkommen: Das *Buffet à glissants,* das aus einem niedrigen, zweitürigen Buffet besteht und aus einem niedrigen, zurückgesetzten Aufsatz (Abb. 165). Dazu kommt ngch die *panètiere,*

ein seltsames kleines Schränkchen mit Säulendekor, das zum Aufheben des Brotes bestimmt war und oft seinen Platz auf dem Backtrog hatte (Abb. 166). Weniger verbreitet als diese beiden Möbel ist der *Garde-Manger* oder *Manjadou*, ein hoher, schmaler Schrank, der zum Verwahren von Nahrungsmitteln diente (Abb. 167).
Besonders reich ist diese französische Provinz an Eckschränken, die in ihrer hohen Schlankheit sehr elegant wirken kön-

166 *Panetiére, Provence, 18. Jh.*

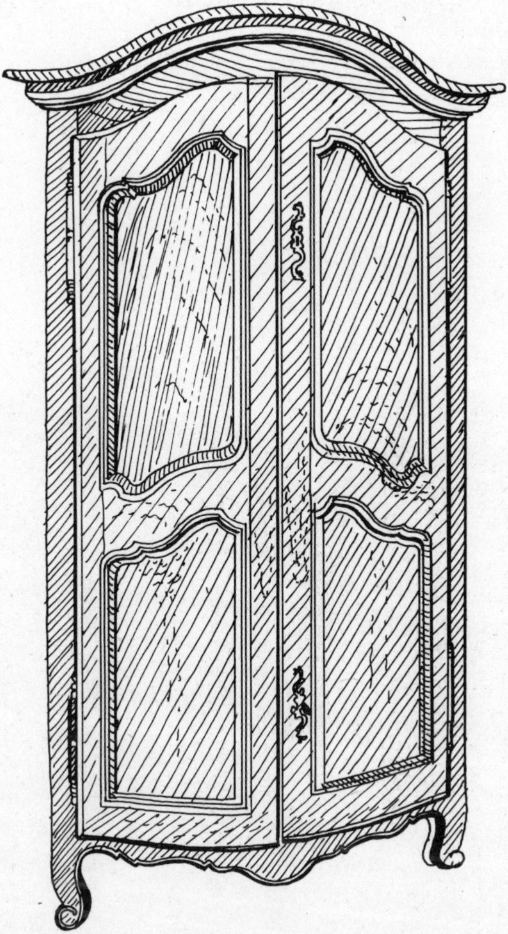

168 *Eckschrank, Provence, 18. Jh.*

167 *»Manjadou«, Provence, 18. Jh.*

169 *Kommode, Provence, 18. Jh.*

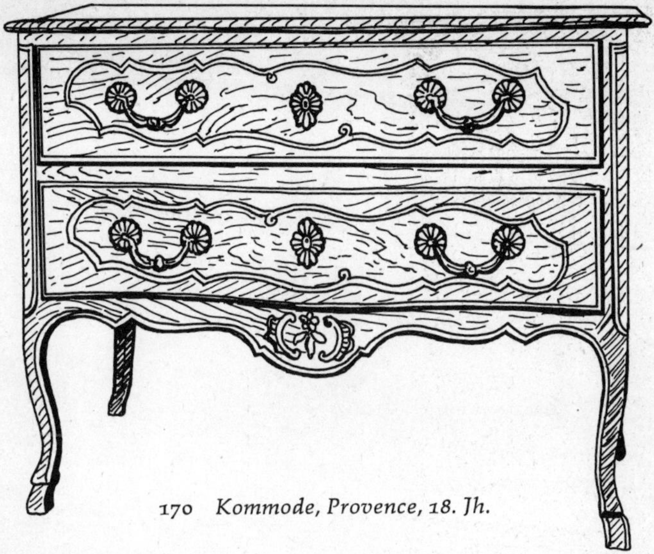

170 *Kommode, Provence, 18. Jh.*

nen und meist nur mit einfachen Rahmenprofilen verziert sind (Abb. 168). Auch die großen Schränke sind hoch und schmal und wirken weniger rustikal als in anderen Provinzen. Der Dekor ist meist sehr fein und anmutig.

Die Kommoden haben ausdrucksvolle, oft etwas schwere Beschläge, sind aber in ihrem übrigen Dekor eher zurückhaltend (Abb. 169, 170).

Stühle und Sessel haben meist einen Sitz aus Strohgeflecht, die Rückenlehnen eine für die Provence charakteristische Schwingung, symmetrische Doppelbögen. Die vornehmen Exemplare können weiß gefaßt sein, der Schnitzdekor hellgrün (Abb. 171, 172).

171 *Sessel, Provence, 18. Jh.*

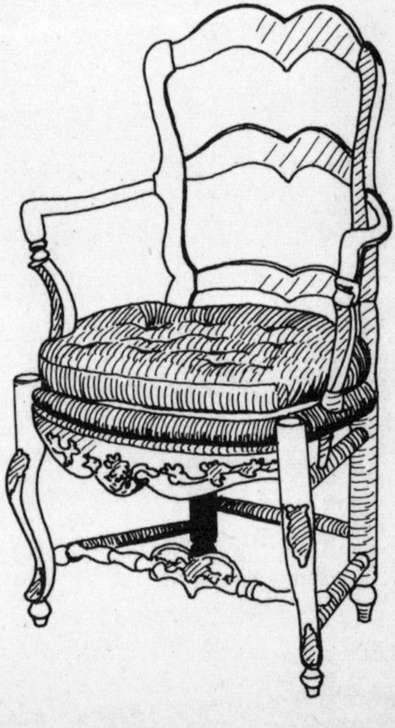

172 *Sessel, Provence, 18. Jh.*

Guyenne und Languedoc

Innerhalb dieser beiden Provinzen ist die Gascogne möbelgeschichtlich am interessantesten und ergiebigsten.
Das verbreitetste Möbel war das *Buffet-vaisselier,* ein Buffet mit Geschirregal, das in verschiedenen französischen Gegenden die beherrschende Rolle spielt. Es war im Louis XIII und Louis XIV besonders schlicht – dekoriert mit dem strengen geometrischen Ornament »à pointe de diamant« oder mit einem Rautenmuster. Der Stil Louis XV wurde erst sehr spät übernommen und immer außerordentlich maßvoll interpretiert. Charakteristisch für die großen Dielenschränke der Gascogne ist eine durchgehende breite Schublade über dem Sockel (Abb. 173). Die Buffets ohne Aufsatz *(buffet bas)* gehören zu den typischsten und auch schönsten Möbeln dieser Landschaft. Sie können sehr reich verziert sein (Abb. 174, 175), oft mit einem stilisierten Liliendekor, der in dieser Art in ganz Frankreich sonst nicht vorkommt.

173 *Buffet, Gascogne, Louis-Quinze*

174 *Schrank, Gascogne, Louis-Seize*

Die Kommoden der Gascogne haben eine merkwürdige Form und sind an der Basis schmäler als oben – ähnlich wie manche schwedischen und schleswig-holsteinischen, bzw. dänischen Kommoden, die aber von diesen südfranzösischen beeinflußt sein dürften.
Kirschbaum und Nußbaum sind die bevorzugten Möbelhölzer, dazu auch das Mahagoni. In Bordeaux hat der Ebenist *Abraham* sehr schöne Mahagonimöbel im Louis XVI-Stil gearbeitet, die deutlich vom Möbel Chippendales beeinflußt sind. In Toulouse bestand seit der Renaissance ein bedeutendes Zentrum der Möbelkunst, aus dem die Familie Hache hervorging, die später im Kunsthandwerk Grenobles eine wichtige Rolle spielte.

175 *Buffet, Gascogne, Louis-Quinze*

Kleines Lexikon der Fachausdrücke

Akanthus-ornament	Stilisiertes Blatt des Akanthus (Bärenklau), das als Ornamentmotiv seit der griechischen Antike vor allem am korinthischen Kapitell verwendet wurde. Seit der Renaissance auch beliebtes Motiv des Kunsthandwerks, besonders beim Möbel und bei Silberarbeiten.
Applique	Französischer Ausdruck für einen Wandleuchter oder für Möbelbeschläge (Appliques = Appliken), meist aus vergoldeter Bronze.
Baluster	(Docke), kurzes Säulchen mit reicher Profilierung in Birnen- oder Ellipsenform und starkem Schaft, das als Stützelement im Möbelbau verwendet wurde.
Bandwerk	Ornament aus verschlungenen Bändern, bereichert durch Ranken und figürliche Motive, das Ende des 17. Jhs. entstand. Französischer Hauptmeister war Jean Bérain.
Bergère	Bequemes Sitzmöbel, das um 1730 in Frankreich aus der Form des Fauteuils entwickelt wurde. Die Armlehnen sind geschlossen und gepolstert, Rückenlehne und Sitz sind ebenfalls gepolstert; oft lose Matratze.
Bergère en confessional (Bergère à oreilles)	Ohrensessel, im Louis XV entstanden.
Boiserien	Franz. Ausdruck für Holzvertäfelungen, besonders des 17. und 18. Jhs.
Bonheur du jour	Kleiner Damenschreibtisch, zugleich Schreib- und Toilettentisch mit zurückgesetztem niedrigen Aufbau und Mittelschublade. Um 1760 in Frankreich entstanden.

Boulletechnik	Aus Italien stammende, von dem Pariser Ebenisten A. C. Boulle vervollkommnete Marketerie aus Schildpatt, Perlmutter und Messing, bzw. Zinn oder Kupfer. Liegt das Messing im Schildpattgrund, spricht man von »première-partie«, liegt das Schildpatt im Messinggrund, von »contre-partie«.
Buffet	Halbhoher Anrichtetisch in der Art der ↑ Kredenz.
Bureau plat	Flacher, großer Schreibtisch mit einer Reihe von Schubladen unter der Tischplatte, der gegen Ende des 17. Jhs. in Frankreich in Gebrauch kam.
Canapé	(Kanapee), breites Sitzmöbel mit hoher Rückenlehne und geschlossenen oder offenen Armlehnen, das seit Beginn des 18. Jhs. statt der Bank benutzt wurde.
Caquetoire	(v. frz. caqueter = plaudern, schwatzen), kleiner, tragbarer Armlehnstuhl für Frauen, mit hoher, schmaler Rückenlehne, Armlehnen und trapezförmigem Sitz. Im 16. Jh. in Frankreich in Gebrauch.
Cartonnier	Offenes Schränkchen oder Gestell für Schreibmaterial, das neben oder auf den Schreibtisch gestellt wurde.
Chaiselongue	(franz. = langer Stuhl), Ruhebett, das im 18. Jh. in Frankreich durch die Verlängerung des Fauteuils entwickelt wurde.
Chaise en gondole	auch »fauteuil gondole«, deutsch »Gondelstuhl«. Stuhltyp mit muldenförmiger Rükkenlehne, der Ende des 18. Jhs. in Frankreich in Gebrauch kam und vor allem im Empire sehr beliebt war.
Chaise à la capucine	Kapuzinerstuhl; einfacher Stuhl mit Sitz aus Binsen- oder Strohgeflecht, der in der Mitte des 17. Jhs. sehr verbreitet war und ursprünglich in Klöstern benützt wurde.

Chiffonnière Pfeilerschrank; hohe Kommode mit zahlreichen Schubladen zur Aufbewahrung von Damenwäsche und Accessoires.

Chinoiserie Nachahmung ostasiatischer Motive in der »Chinamode« des 17. und 18. Jhs. In der Möbelkunst vor allem bei Lack- und Einlegearbeiten.

Dressoir (frz. dresser = anrichten), französische Kredenz des 16. Jhs. in der Art des Stollenschranks, mit offenem Untergestell, Rückwand und kastenförmigem Aufsatz.

Duchesse Ruhebett aus drei zusammenhängenden oder getrennten Teilen (Bergère, Tabouret und kleine Bergère am Fußende), das im 18. Jh. in Gebrauch kam.

Ebenist (frz. ébéniste), seit dem Beginn des Louis XIV Bezeichnung für die französischen Kunstschreiner. Hergeleitet vom italienischen »ebenista«, der ursprünglich vor allem Ebenholz für die kostbaren Einlegearbeiten verwendete.

Eierstab Zierleiste, stammt aus der Antike, mit ovalen und pfeilspitzenförmigen Ornamentelementen, meist von einem Perlstab begleitet. Ursprünglich in der jonischen Baukunst (Kapitell) verwendet, seit der Renaissance auch im Kunsthandwerk. Im Möbelhandwerk beliebtes Ornamentelement des Empire.

Encoignure In die Ecke eingepaßtes kommodenartiges Schränkchen, oft paarweise aufgestellt, mit Marmorplatte und aufgesetztem offenen Regal. Vor allem bei der vornehmen Raumausstattung des 18. Jhs. beliebt.

Espagnolette Frauenbüste, Dekorelement des 18. Jhs., im Ornamentstich vor allem von Watteau angewandt und vom Möbelhandwerk aufgegriffen, u. a. für Bronzeapplikationen. Ur-

	sprünglich Bestandteil des italienischen Ornamentschatzes.
Etagère	Bezeichnung des 19. Jahrhunderts für gestellartige Tische mit Zwischenbrettern, manchmal auch mit Schubladen in der Art der ↑ Tricoteuse und der ↑ Table en chiffonnière.
Faltstuhl	Schon im Altertum bekannter zusammenklappbarer Stuhl, aus dem in der italienischen Renaissance der Scherensessel entstand. Im Louis XIV als »ployant« oder »pliant« beliebte Form des zuammenklappbaren Hockers.
Fauteuil	Französische Bezeichnung für den Armlehnsessel besonders des 18. und 19. Jhs.
Furnier	Dünnes Brett aus Edelholz oder anderem Material, das auf Holz geringerer Qualität aufgeleimt wird. Die Technik des Furnierens ist seit der Spätgotik bekannt, doch bekam sie ihre Bedeutung für die Kunsttischlerei erst im 17. Jh., als in großen Mengen exotische Hölzer eingeführt wurden.
Geißfuß	↑ Pied de biche
Guéridon	Hohes schmales Tischchen, meist mit runder Platte, das zum Abstellen von Leuchtern oder Aufstellen von Dekorationsgegenständen diente. Im 17. Jh. oft in Form eines Negers mit Tablett, der dem Möbel seinen Namen gab, da ein berühmter Negersklave dieser Zeit Guéridon hieß.
Herme	Ursprünglich in der griechischen Kunst pfeilerartiger Schaft mit dem Kopf des Hermes, später auch Träger von Porträtköpfen. Von der Renaissance bis zum Barock in der Architektur figürlicher Gebälkträger, im Kunsthandwerk stützendes Teil, etwa bei einem Möbel.

Intarsie	Einlegearbeit von verschiedenen, meist kostbaren Hölzern oder Metall, Elfenbein und anderen Materialien in das Kernholz des Möbels. Technik schon im Altertum und Mittelalter bekannt, doch von größerer Bedeutung für das Kunsthandwerk erst seit der Renaissance. Unterschied zur ↑ Marketerie ist zu beachten.
Kabinettschrank	Zum Aufbewahren von Kostbarkeiten oder Schreibsachen dienender Prunkschrank, der im 16. Jh. entwickelt wurde. Zu Anfang des 17. Jhs. meist aus Ebenholz, später auch furniert. Vielfach reich eingelegt. Im 16. Jh. wurde das Kabinett auf einen Tisch gestellt, im 17. Jh. bekam es ein eigenes Untergestell in Tischform. Später bestand das Untergestell auch aus einem Schränkchen oder einer Kommode. Im Aufsatz viele kleine Schübe, oft auch ein Schließfach. Vorderseite meist durch zwei Türen zu verschließen.
Kanapee	↑ Canapé
Kanneluren	Senkrechte Rillen am Schaft einer Säule oder eines Pilasters. Beim Kunsthandwerk als Dekor an Möbeln, z. B. den Beinen von Louis XVI-Tischen und -Stühlen.
Karyatide	Weibliche Gewandstatue, die anstelle des Säulen- oder Pilasterschaftes das Gebälk trägt. Seit der Renaissance auch im Kunsthandwerk als Stützfigur.
Kommode	Halbhohes Kastenmöbel mit Schubladen, das während des Louis XIV in Frankreich in Mode kam und wegen seiner größeren Bequemlichkeit (commode frz. = bequem) die Truhe ersetzte.
Konsoltisch	Wandtisch, der seit dem Louis XIV verwendet wurde, zunächst auf vier, dann nur auf zwei Beinen stehend. Oft in Zusammenhang

	mit Spiegel und Wandvertäfelung eine ornamentale Einheit bildend. Meist reich geschnitzt und vergoldet, mehr Dekorations- als Gebrauchsmöbel.
Koromandel-Lack	↑ Lackmalerei
Kredenz	(von ital. credenza = Tischgerät), Anrichteschrank, der während der Renaissance in Italien entstand. Zunächst halbhoher, zweitüriger, reich gegliederter Schrank, seit der 2. Hälfte des 16. Jahrhunderts mit Schubladen unter der Platte. Im 17. Jh. zwei Typen: offenes Unterteil und darüber zurückgesetztes Schrankteil oder zwei Schrankteile, das obere zurückgesetzt.
Korpus	Das Kernholz (Blindholz) bei furnierten Möbeln.
Kugelfuß	Kugelförmiger, oft gedrückter Fuß an Kastenmöbeln, aber auch Tischen und Stühlen des späten 17. und frühen 18. Jhs.
Kurulischer Stuhl	Faltstuhl römischer Beamter mit geschwungenen Beinen.
Lackmalerei	Ostasiatische Technik, die im 17. Jh. Eingang in Europa fand. Grundmaterial des Lackes ist der Saft des Lackbaumes, rhus vernicifera. Lackarbeiten wurden aus China und Japan eingeführt, aber auch nachgeahmt, wie in Frankreich der ↑ Vernis Martin. Überzüge aus Lack sind wasser- und hitzeunempfindlich und hochglänzend. Holzgegenstände der Ming-Zeit (1388 bis 1644) wurden mit einem Kreidegrund überzogen, erhielten dann einen Lacküberzug, in den ornamentale Motive eingraviert wurden; nach ihrem Umschlagplatz, der indischen Koromandelküste, heißen sie Koromandellacke.

Lambrequin	Behangborte mit Fransen, Quasten und Spitzen, die im Barock und Rokoko als Schmuckmotiv verwendet und auch plastisch ausgeformt (u. a. in Holz geschnitzt) wurde.
Marketerie	Furnier aus verschiedenen Edelhölzern und anderen Materialien (Schildpatt, Messing, Zinn, Elfenbein u. a.), das zu Ornamenten oder anderen Schmuckmotiven zusammengefügt und dann dem Kernholz des Möbels aufgeleimt wird. Technik seit dem Mittelalter bekannt, doch erst verbreitet, nachdem im 16. Jh. von dem Augsburger Tischler Renner eine Feinsäge erfunden wurde. Ihre Blütezeit hatte die farbige Holzmarketerie im 18. Jh. Französischer Hauptmeister: A. Ch. Boulle (1642–1732). Im Gegensatz zur Marketerie wird die ↑ Intarsie in den Kernholzgrund eingelegt.
Meisterstempel	Name des Künstlers, mit Schlag- oder Brandstempel (estampille) angebracht, der von franz. Kunstschreinern, welche der Zunft angehörten, seit 1743 zur Signierung des Mobiliars verwendet werden mußte. Nur die franz. Kunstschreiner, die für den Hof arbeiteten, und die nicht zünftisch gebundenen Ausländer mußten ihre Möbel nicht signieren. Der Stempel ist meist an schwer zugänglichen Stellen angebracht: bei Schränken unter einer Schublade, bei Kommoden auf den rückwärtigen Stützen oder der Marmorplatte, bei Tischen unter der Zarge u. a.
Menuisier	Französische Berufsbezeichnung für den einfachen Schreiner, im Unterschied zum »ébéniste«, der feine, marketierte Möbel herstellte.

Palmette Fächerartiges Ornament der Antike in der Form einer stilisierten Palme, das im Möbelhandwerk der Renaissance und des Empire als Schmuckmotiv verwendet wurde.

Pied de biche »Geißfuß«, S-förmig geschweifter Fuß des Rokokomöbels, oft in einem Huf endend. Trat gegen Ende des Louis XIV an die Stelle der Balusterfüße.

Ployant, pliant ↑ Faltstuhl

Poudreuse Neuere Bezeichnung für den ↑ Toilettentisch.

Psyche Drehbarer Standspiegel des Klassizismus und Empire.

Rocaille (franz. »Grotten und Muschelwerk«), muschelartiges Element des Rokokoornaments, oft C-bogenförmig ausgebildet. Vorherrschendes Schmuckmotiv des Rokoko.

Rollbureau auch »Zylinderbureau«; Schreibtischform, die Mitte des 18. Jhs. in Mode kam, und deren bekanntestes Beispiel das »Bureau du Roi« Ludwigs XV. ist, das von Oeben begonnen und von Riesener vollendet wurde. Das R. wird in seinem mittleren Teil durch einen Halb- oder Viertelzylinder geschlossen, häufig in der Form einer Jalousie.

Rosenholz (Königsholz) Nach Rosen duftendes Wurzelholz verschiedener strauchartiger Pflanzen der Kanarischen Inseln, Brasiliens und Indiens. Edelholz unterschiedlicher Färbung und Härte, das vor allem für Furniere verarbeitet wurde.

Secrétaire en armoire (Secrétaire à abattant), Schreibschrank, hochrechteckig, im Unterteil meist zwei Türen, manchmal auch Schübe, im Mittelteil eine Schreibplatte zum Herunterklappen, dahinter zahlreiche kleine Fächer und Schübe, darüber als Abschluß eine flache

Schublade. Seit etwa 1760 in Frankreich in Gebrauch, im Louis XVI und Empire sehr beliebt und mit leichter Abwandlung auch im Biedermeier.

Secrétaire à cylindre — ↑ Rollbureau

Secrétaire en pente — (Secrétaire en dos d'âne), Pultschreibtisch mit schräger, herunterklappbarer Verschluß- und Schreibplatte, der um 1730 in Frankreich entwickelt wurde.

Sekretär — Aus dem Französischen (secrétaire) übernommene Bezeichnung für den Schreibschrank und Schreibtisch mit herabklappbarer Platte.

Sofa — Breites Sitzmöbel, länger als das Kanapee, gepolstert, mit Arm- und Rückenlehne, das Ende des 17. Jhs. unter türkischem Einfluß in Mode kam.

Spieltisch — Eleganter Tisch mit aufklappbarer Platte für den Spielgebrauch (Karten- oder Brettspiele), der im 18. Jh. sehr verbreitet war.

Steg — Horizontale Verstärkung zwischen den Beinen eines Möbels.

Table en chiffonnière — Kleiner, leichter Tisch mit einer oder mehreren Schubladen unter der Platte und einem Tablett zwischen den Beinen, der im Louis XV vor allem als Arbeitstisch für Damen diente.

Tabouret — (Taburett), gepolsterter niedriger Hocker, der zu Beginn des 18. Jhs. in Frankreich in Gebrauch kam.

Toilettentisch — (franz. »toilette«), kleiner Tisch mit aufklappbarem Spiegel und einer Reihe von Seitenfächern, der im 18. Jh. in Gebrauch kam. Später wurden diese Tische auch »podreuse« genannt. Der T. des 19. Jhs. hatte einen dreiteiligen, auf der Platte befestigten Spiegel.

Tricoteuse	(von franz. »tricoter« = stricken), Arbeitstischchen des 18. Jhs. mit Platte oder mehreren Tabletts, die kastenförmig ausgebildet oder mit Galerien versehen waren, um das Herabfallen der Handarbeitsutensilien zu verhindern.
Vernis Martin	Farbige Lacke, die im 18. Jh. bei französischen Möbeln und der Innenausstattung gebraucht wurden. Von den Brüdern Martin um 1730 entwickelt.
Volute	Spiralige, schneckenförmige Einrollung, ursprünglich beim jonischen Kapitell, doch später auch im Kunstgewerbe als Schmuckmotiv verwendet.
Voyeuse	Möbeltyp, der Mitte des 18. Jhs. in Frankreich in Gebrauch kam. Stuhl mit hoher, gepolsterter Lehne, auf dem man rittlings sitzen konnte, um beim Kartenspielen zuzuschauen.
Wange	Senkrechtes Stützbrett bei Tischen, das die Funktion der Beine übernimmt.
Zarge	Beim Möbel schmale Kante unter der Tischplatte, dem Stuhlsitz oder als unterer Abschluß von Schränken oder Kommoden. Oft Gegenstand ornamentaler Verzierung.
Zylinderbureau	↑ Rollbureau

Museen und Sammlungen

Paris und Umgebung

Musée Camondo
Musée Carnavalet
Musée Cognacq-Jay
Musée de Cluny
Musée Jacquemart-André
Musée du Louvre
Bibliothèque Marmottan
Musée de l'Union Centrale des Arts décoratifs
Fontainebleau, Schloß
Malmaison, Schloß
Versailles, Schloß
Sammlung Nicolas Landau, Paris

Provinzmuseen

Annecy, Musée
Aurillac, Musée J. B. Rames
Bayonne, Musée Basque
Besançon, Musée comtois de Besançon
Bourg-en-Bresse, Musée de l'Ain
Cassel, Musée folklorique
Chambéry, Musée savoisien
Champlitte, Musée
Colmar, Musée Unterlinden
Clermont-Ferrand, Musée du Rancuet
Dijon, Musée de Dijon
Fontenay-le-Comte, Musée
Hagenau, Musée
Langres, Musée

Le Puy, Musée Crozatier
Louviers, Musée
Lille, Musée hospice Comtesse
Lyon, Musée des Arts décoratifs
Lyon, Musée historique des Tissus
Macon, Musée
Montbéliard, Musée historique du Pays de Montbéliard
Mulhouse, Musée historique
Nancy, Musée historique lorrain
Nantes, Musée d'Art populaire régional
Nîmes, Musée du Vieux Nîmes
Pau, Musée Béarnais
Plessis-lès-Tours, Musée
Quimper, Musée
Rennes, Musée
Reims, Musée du Vieux Reims
Rouen, Musée d'Antiquités
Saintes, Musée Mestreau
Straßbourg, Musée alsacien
Straßbourg, Musée de l'Œuvre Notre-Dame
Straßbourg, Musée des Arts décoratifs
Tournus, Musée bourgignon

Europäische Museen mit bedeutenden französischen Möbelbeständen

Amsterdam, Rijksmuseum
Frankfurt, Museum für Kunsthandwerk
Hamburg, Museum für Kunst und Gewerbe
Lissabon, Stiftung Gulbenkian
London, Wallace Collection
London, Victoria and Albert Museum
München, Residenzmuseum
Wien, Österreichisches Museum für angewandte Kunst

Literatur

Allgemeine Literatur zur Geschichte der Möbel

Eckstein, H., *Der Stuhl, Funktion–Konstruktion–Form,* München 1977

Feulner, A., *Kunstgeschichte des Möbels,* Berlin 1927

Gonzales-Palacios, A., *Europäische Möbelkunst, Frankreich,* 3 Bde, München 1957

Hayward, H., *Möbel, Eine Stilgeschichte durch vier Jahrtausende,* Wiesbaden 1976

Honour, H., *Meister der Möbelkunst,* München 1969

Jedding, H. und Meister, P., *Das schöne Möbel im Laufe der Jahrhunderte,* Heidelberg 1958

Müller-Christensen, S., *Alte Möbel vom Mittelalter bis zum Biedermeier,* München 1950

Schmidt, R., *Möbel,* Braunschweig 1953

Schmitz, H., *Das Möbelwerk,* Berlin 1942

Windisch-Graetz, F., *Barock und Rokoko,* Braunschweig 1968

Spezialliteratur

Holzhausen, W., *Lackkunst in Europa,* Braunschweig 1959

Huth, H., *Europäische Lackarbeiten, 1600 bis 1850,* Darmstadt 1958

Jessen, P., *Der Ornamentstich,* Berlin 1920

Klatt, E., *Die Konstruktion alter Möbel,* Stuttgart 1961

Literatur zur Geschichte des französischen Möbels

Boulanger, G., *L'Art de reconnaître les meubles regionaux,* Paris 1974

Brunhammer, Y. und Fayet, M., *Meubles et ensembles epoques Régence et Louis XV – Louis XVI – Directoire et Empire,* 3 Bde, Paris 1965

Dacier, Emile, *Le style Louis XVI,* Paris 1939

Davinoy, P. und Janneau, G., *Le meuble léger en France* Paris 1952

Devinoy, P., Jarry, M. und Janneau, G., *Le siège en France du Moyen Age à nos jours,* Paris 1948

Dumonthier, E., *Les sièges de Jacob frères, époques du Directoire et du Consulat,* Paris 1921

Dumonthier, E., *Le meuble-toilette,* Paris 1923

Dumonthier, E., *Les tables, styles Louis XVI et Premier Empire,* Paris 1924

Fayet, M. de, *Meubles et ensembles, Moyen Age et Renaissance,* Paris 1961

Haug, H., *Meubles et Ensembles Alsaciens,* Paris o. J.

Janneau, G., *Les meubles,* 3 Bde, Paris 1929

Janneau, G., *Les sièges en France,* Paris 1948

Jarry, M., *Le siège français de Louis XIII à Napoleon III,* Paris 1958

Jarry, M., *Stilmöbel – Stühle, Sessel, Kanapees,* Düsseldorf u. Lausanne, o. J.

Leclerc, Léon, *Meubles et Ensembles Normands,* Paris o. J.

Ledoux-Lebard, D., *Les ébénistes parisiens* (1795–1830), Paris 1951

Lefuel, H., *François Georges Honoré Jacob-Desmalter, ébéniste de Napoleon Ier et de Louis XVIII,* Paris 1925

Madsen, T., *Source of art nouveau,* Oslo 1956

Martin, H., *Le style Louis XIV.,* Paris 1947

Mauricheau-Beaupré, *Le XVII*^{e} *siècle, 1*^{ère} *et 2*^{ème} *période,* 2 Bde, Paris 1946–47

Olivier, L., *Mobilier Provencal,* Paris o. J.

Ricci, Seymour de, *Der Stil Louis XVI. Mobiliar und Raumkunst*, Stuttgart 1913
Sadoul, Ch., *Meubles et Ensembles Lorrains*, Paris o. J.
Salverte, F. de, *Le meuble français d'après les ornemanistes de 1660 à 1789*, Paris 1930
ders. *Les ébénistes du XVIIIe siècle*, Paris 1934
Souchal, G., *Le mobilier français au XVIIIe siècle*, Paris 1934
Tardieu, S., *Meubles régionaux datés*, Paris 1950
Theunissen, A., *Meubles et sièges du XVIIIe siècle*, 1934
Verlet, P., *Le mobilier royal français*, 2 Bde, Paris 1945–1955
ders. *Les meubles du XVIIIe siècle*, 2 Bde, Paris 1956
ders. *L'art du meuble à Paris au XVIIIe siècle*, Paris 1958
Viaux, J., *Le meuble en France*, Paris 1962

Preise französischer Möbel

Auktionsergebnisse der Jahre 1976 und 1977 *

Schränke

Kabinettschrank, Ebenholz, geschnitzter Dekor, 2. Hälfte 17. Jh.	skr.	12 000,–
Ein Paar Bibliotheksschränke, Louis XIV, Ebenholzfurnier, Bronzeornamente	F	200 000,–
Schrank, Nußholz massiv, Rahmenprofile, Louis XIII	F	22 000,–
Kabinettschrank, Marketerie mit Groteskenornamenten, Louis XIV	F	205 000,–
Schrank, 18. Jh., Obstbaumholz, Schnitzdekor	F	17 000,–
Dielenschrank, Nußbaum, Lothringen, 2. Hälfte 18. Jh.	DM	6 200,–
Schrank, Frankreich, Massivholz, geschnitzter Dekor, Louis XV	F	26 000,–
Encoignure (Eckschränkchen), G. Kemp, Paris, ca. 1775, mit Blumenmarketerie	£	4 800,–
Paar Encoignuren, P. Dubois, Blumenmarketerie, Louis XV	F	60 000,–
Cabinet, wahrsch. A. Weisweiler, verschiedene Edelhölzer, Ende des 18. Jh.	$	78 000,–
Dressoir, Empire, Mahagonifurnier m. Bronzedekor	bfrs.	34 000,–
Vitrine, Charles X, helles Furnier	F	12 000,–

* nach Angaben im ›Kunstpreisjahrbuch‹, Bd. 31 u. 32.

Vitrine, Bellangé, Louis XVI, Mahagoni m. Porzellanplaketten	£	6 000,–
Vitrine, sign. Gallé, Landschafts- und Blumenmarketerie	F	21 800,–
Etagèrenschrank, L. Majorelle, ca. 1900, eingelegt	DM	13 000,–

Buffets

Buffet-Vaisselier, 18. Jh., Naturholz m. Schnitzdekor	F	13 800,–
Buffet, Provence, Louis XV, Massivholz m. Schnitzdekor	F	23 000,–
Buffet, 17. Jh., Massivholz m. Schnitzdekor	F	11 000,–
Kredenz, 19. Jh., Palisanderfurnier, Porzellanplaketten	DM	13 000,–
Buffet bas, 18 Jh., Rahmenprofile	F	18 000,–

Kommoden

Kommode, Louis XIV, Massivholz, Rahmenprofile	F	15 000,–
Kommode, Louis XV, Mahagonifurnier, Bronzebeschläge	F	49 000,–
Kommode, Louis XV, Nußbaumholz m. Schnitzdekor	$	6 500,–
Kommode, Louis XV, J. Bircklé, Paris, Marketerie, Bronzebeschläge	Lire	8 200 000,–

Kommode, J. M. Chevallier u. N. Berthelemi, Louis XV, farbige Marketerie	F	140 000,–
Kommode, Transition, wohl Couleru, Montbéliard, Marketerie	sfrs.	9 500,–
Kommode, L. Boudin, Paris, Mitte 18. Jh., Marketerie	$	35 000,–
Kommode, Louis XV, Mitte 18. Jh., Blumenmarketerie	$	5 250,–
Kommode, Lefèvre, Paris, Louis XV, Marketerie, Bronzebeschläge	DM	21 000,–
Kommode, Provence, 18. Jh., Nußbaum, Schnitzdekor	F	39 000,–
Kommode, Nîmes, 18. Jh., Nußbaum, reicher Schnitzdekor	F	40 000,–
Kommode, Louis XVI, J. Baumhauer	Gns.	110 000,–
Kommode, Louis XVI, Rosenholz- u. Palisanderfurnier, Marmorplatte	DM	26 000,–
Kommode, Louis XVI, C. Topino, Landschafts-Marketerie	Gns.	4 500,–
Meuble d'Entre-deux, Weisweiler, Ebenholzfurnier, Marmorplatte	F	800 000,–

Schreibtische und Schreibschränke

Pultschreibtisch, Louis XV, Blumenmarketerie	F	13 000,–
Zylinderbureau Louis XV, Blumenmarketerie, Bronzedekor	F	65 000,–
Damenschreibtisch, G. Joubert zugeschr., Blumenmarketerie, Louis XV	F	345 000,–
Louis XIV-Boulle-Bureau Mazarin, ca. 1690	£	17 000,–
Louis XV-Damenschreibtisch, BVRB, Marketerie und Bronzebeschläge	£	42 000,–

Kleiner Sekretär, Dubois, Louis XV, mit Lackmalerei	£	13 500,–
Sekretär, Louis XVI, Blumenmarketerie	F	100 000,–
Sekretär, P. Roussel, Louis XVI, Marketerie	F	160 000,–
Damensekretär, Louis XVI, Schlichting, Marketerie	F	55 000,–
Secrétaire à Abattant, J. H. Riesener, Lacktafeln u. Bronzebeschläge	F	1 050 000,–
Armoire-Secrétaire, Charles X, Ahornholz, Bronzebeschläge	F	29 300,–
Schreibtisch, L. Majorelle, um 1900, Mahagoni	$	6 000,–
Schreibschrank, Chapuis, ca. 1800, Mahagoni	DM	5 000,–

Tische

Rechteckiger Tisch, Louis XIV, Zinnmarketerie, Balusterfüße	F	215 000,–
Rechteckiger Tisch, Régence, geschnitzt und vergoldet, Marmorplatte	F	65 000,–
Table Liseuse, Migeon, Louis XV, m. Lacktafel	F	55 000,–
Konsoltisch, Louis XV, geschnitzt und vergoldet, Marmorplatte	F	40 000,–
Kleiner Arbeitstisch, 3. Viertel 18. Jh., Marketerie, Bronzebeschläge	Lire	2 200 000,–
Table Liseuse, M. Carlin, Louis XVI, Marmorfurnier, Bronzebeschläge	F	98 000,–
Table Tambour, Stumpff, Louis XV, Marketerie, Bronzebeschläge	F	38 100,–
Tisch, Oeben, Louis XV, geometr. Marketerie, Bronzebeschläge	F	350 000,–

Toilettentisch, Bircklé, Louis XV	$	4 000,–
Guéridon, Transition, Blumenmarketerie	sfrs.	9 800,–
Runder Tisch, Empire, Sèvres-Plaketten, Bronzebeschläge	F	18 000,–
Table à Ouvrage, Gallé, Blumenmarketerie	F	6 100,–
Tisch, L. Majorelle, um 1900, Mahagoni, Marketerie	DM	3 200,–

Sitzmöbel

Fauteuil, Louis XIII, Nußbaum	sfrs.	2 700,–
Fauteuil, Louis XV, Schnitzdekor	F	9 500,–
8 Régence-Stühle, Buchenholz zusammen	sfrs.	13 300,–
Bergère, Louis XV, Naturholz	F	6 500,–
Sessel, 18. Jh., Blattschnitzerei	DM	3 000,–
Stuhl, Louis XV, Nußbaum, Schnitzdekor	F	3 000,–
Armsessel, um 1710, flache Muschelschnitzerei, Gros-Point-Bezüge	DM	5 800,–
Fauteuil, Régence, Naturholz, Muscheldekor, Strohgeflecht	F	13 800,–
Marquise, 18. Jh., Zarge geschnitzt, vergoldet	Lire	1 800 000,–
Louis XV-Sitzgarnitur, wohl Nogaret, Kanapee und zwei Armstühle, Lehne und Zarge geschnitzt	DM	15 000,–
Fauteuil, Tilliard, Louis XV	F	11 000,–
Bergère, S. Blanchard, Louis XV	sfrs.	5 800,–
Sessel, Nadal, Mitte 18. Jh., Nuß- und Buchenholz	DM	7 500,–
Fauteuil, Meunier, Paris, Mitte 18. Jh., Naturholz, geschnitzt	F	15 800,–
Paar Stühle, einer gestempelt Jacob, Louis XVI, weiß gefaßt, mit Schnitzdekor	F	82 000,–

Kanapee, Tilliard, Mitte 18. Jh.	$	14 000,–
Bergère, Louis XVI, Buchenholz	DM	3 400,–
Fauteuil, Louis XVI, Paris, Buche, geschnitzt	sfrs.	1 666,–
Bergère, Jacob, Buchenholz, geschnitzt	sfrs.	4 800,–
6 Stühle, Directoire	F	11 200,–
2 Gondelstühle, Charles X	F	9 800,–
Kanapee, Charles X	F	9 000,–
Kanapee, L. Majorelle, ca. 1900	F	22 000,–
Fauteuil, Majorelle, vor 1900	öS	25 000,–

Betten

Lit Bateau, Charles X	F	9 000,–
Ruhebett, zugeschr. J. Desmalter	F	15 000,–
Ruhebett, Chapuis, Empire	bfrs.	90 000,–
Lit Bateau, Anfang 19. Jh., Mahagonifurnier	F	4 400,–

Register

Abraham 179
à l'ange 39
Anet 7
armoire 11
armoire bibliothèque 39
Artois 148

Bailley 170
Bandelwerk 33
Beauvais, Werkstätten 80
Benemann, Johann Wilhelm 81, 86, 88, 101
Bérain, Jean 32, 51, 54
Bergère à joue 46
Bergère en confessional 46
Bett »à la duchesse« 39
Bibliotheksschränke 39
Boiserien 65
Bolzoni 22
bonheur du jour 48
Bosse, Abraham 45
Boulard 94
Boulle, Charles André 22, 31, 51, 69
Boulle, Charles-Joseph 69
Bretagne 156
Bronzeappliken 52
Büfett 23
buffet 10
buffet à deux corps 140, 167
buffet à glissant 171
buffet bas 177
buffet-vaisselier 140, 177
Bullant, Jean 8
Bureau 24, 40
bureau à cylindre 48
bureau à pente 48
bureau plat 40, 48, 51

Caffiéri, Jacques 56
Caffiéri, Philippe 22, 56
canapé 48
caquetoire 13
Carlin, Martin 89
cartonnier 48
Causeuse 46, 109
Caylus, Comte de 68
Cellini, Benvenuto 7
chaire 18
chaise 30, 45
chaise en cabriolet 49
Chaiselongue 102
chaisiers 35
chauffeuse 109
Chenavard, Aimé 123
chiffonnière 49
Chinalack 35, 53
Cochin, Nicolas 75
Cochon fils 68
Colbert 29
Colombe, Michel 7
commode 40
Confident 46
Couleru, N. A. 163
Crapaud 126
Cressent, Charles 50, 51, 52

Criaerd, Matthieu 62
Cucci 22

Daguerre 87
David Louis 98
Delafosse 68
Delanois, Louis 62, 65, 94
Delorme, Philippe 8
Diderot-Dalembert 45
Diehl 134
dresche 149
dressoir 10
Dubois, Jacques 55, 59
Dubois, René 90, 92
Ducercean, Jacques
Androuet 8
duchesse 46

Elsaß 135
encoignure 48, 139
Escoffier, Étienne 170
Espagnoletten 50

Fauteuil 28, 30, 45
Feure, Georges de 133
Fiorentino, Rosso 7
Flandres 148
Foliot 94
Fontaine, Pierre 104
Fontainebleau 7
Franche-Comté 162
Franz I. 7

Gaillard, Eugène 131
Gallé, Emile 127
Garde-Manger 172
Gaudreaux, Antoine Robert
55, 56
Genty, Denis 62
Giacetti 22
Gobelin 29
Goujon, Jean 8
Grimaldi 22
guéridon 48, 113
Guillat 170
Guimard, Hector 132

Hache, Jean-François 170
Henri II 8
Hocker 18

Ile-de-France 150, 161, 162
incrustation 34
Intarsia 34

Jacob, Georges 65, 74, 93, 98,
99, 104
Jacob-Desmalter, François
Honoré Georges 99, 104,
113
Joubert, Gilles 55, 57

Kabinett 11
Kabinettschrank 23
Kanapee 37
Kardinal Mazarin 22
Konsoltisch 40, 55
Kredenzschrank 10
Kredenztischchen 48

La borne 126
Lackmöbel 35
Lacroix 69

Le Brun 29, 30
Leleu, Jean-François 74, 90, 91
Le Nôtre 29
Lepautre, Jean 32
Lescot, Pierre 8
Levasseur, Etienne 90, 93
Levau 29
L'indiscret à trois places 126
lit à la duchesse 48
lit à la polonaise 48
lit à la turque 48
lit à l'italienne 48
lit de parade 39
lit de repos 37, 46
Loire-Tal 162
Lothringen 139
Lothringer Schrank 142
Louis-Philippe I, Herzog von Orléans 120
Louvre 8, 21
Lyon 81

Macé, Jean 22, 35
Majorelle, Louis 127, 129
Manjadou 172
Manufacture des Gobelins 29
Manufacture Royale des Meubles de la Couronne 29
Marie-Antoinette, Königin 77
Marketerie 22, 34, 77
Marquise 48
Martin, Robert 53
Mazarin, Kardinal 22
Medici, Maria dé 21, 22
Meissonnier 54, 55
Méridienne 102, 109
Merklein 86
meuble à deux corps 11
meuble d'entre-deux 48
Migeon, Pierre 55
Migeon II, Pierre 57
Migliorani 22
Mignard 29

Nogaret, Pierre 169
Normandie 150

Oeben, Jean-François 68, 69
Oeben, Simon 69
Ohrensessel 36
Oppenordt 50
Ottomane 48
Oudry, J. B. 80

panètiere 171
Paradebett 39
Percier, Charles 104
Picardie 148
Pineau, Nicolaus 54
placet 18
ployant 30, 37
Pompadour, Madame de 58
poudreuses 48
Pouffe 126
Primaticcio, Francesco 7
Psyche 113
Puget 29

Rankenwerk 33
Riesenburgh, Bernard van 55, 60
Riesener, Jean-Henri 77, 81, 83

Rilbant 148
Robert, Hubert 99
Rocaille 54
Roentgen, David 81, 90
Romanelli 22
Roubo, André Jacques 45
Rousseau, Jules Antoine 62
Rubens, Peter Paul 21

Saint-Simon 30
Sambin, Hugues 9, 164
Sarto, Andrea del 7
Schlichtig 81
Schwerdfeger 81
Secrétaire à abattant 79
Sené, Jean-Baptiste-Claude 94, 95
Serlio, Sebastiano 7
servantes 48, 79
Serviertischchen 79
Sevigné, Madame de 30
Slodtz, Sebastien Antoine 56
Sofa 48, 110
Soufflot 68
Standuhren 139
Stil Louis XIII 21
Stöckel, Joseph 86, 88

table console 40
tables de toilette 48
Taburett 36
Tête-à-Tête 46
Tilliard II, Jean Baptiste 62, 65
Toilettentisch 48
Topino, Charles 78
traite 149
Tricoteuse 78
turqoise 48

Vaux-le-Vicomte, Schloß 29
Vendée 159
Verberckt, Jacques 62, 65
Vernis, Martin 54
Versailles 29, 31
Vierpfostenbett 19
Vinci, Leonardo da 7
Voyeuse 46

Watteau 50
Weisweiler, Adam 81, 87, 101
Wolff 81